綴玉織錦

——中山女高92三博三業的作文課

陳智弘◎著

自序

我總是把夏宇的〈你正百無聊賴我正美麗〉中的「你、我」解讀為師生關係。不是希望課堂上出自我口的字字句句都像咒語，把學生飛揚的心牢牢禁錮，也不是想領著學生在典籍圍築成的迷宮中破解什麼千古秘密，其實我想說的是，我喜歡「愛使生活和諧」那一句。

可現在，我又喜歡另一句「一起生一個小孩」了，因為，啊，真的和這兩年來任教的學生有了共同投注心力之後的結晶。

《綴玉織錦——中山女高92三博三業的作文課》是我們作文課的實錄。寫作文，我覺得像在玩文字遊戲，師生都認真地對待、努力地玩，即便是在所謂非常時期的高三。本書除了〈作文課，開心玩——圖象詩的閱讀與寫作〉、〈描繪臺灣的容顏——年輕一代的本土觀〉、〈二重奏．雙人舞——關於閱讀的對話〉三篇之外，其他的習作都是在高三課堂上完成的。

高三不是聯考成績單的加油站，高三是一條幽徑，且不論究竟通向哪一座人生花園，一定要好好地走，也許偶爾蹲下身拾起一朵不起眼的小花，傾聽自己的靈魂和它的對談。

不以應付聯考作文為唯一訓練目標，容許師生一起天馬行空完成一些有意思的習作，把現實蔽天的烏雲推得遠一點，讓慧心巧思提煉出抗拒聯考桎梏的能量，心靈思維的翅翼依舊自由翱翔在蔚藍晴空之中，我希望我的學生理解這是老師的堅持，同時是疼愛她們的方式。

要感謝陳滿銘老師的支持，讓這本小書面世，見證我與三博、三業八十九個女孩一路走過的這兩年，在寬廣的時空向度中刻鏤一個一個文字座標，承載著各自成長的軌跡與記憶的重量。

順帶一提，至本學年結束，我已任教滿二十年。二十年，那麼不可思議，卻又理所當然，就以這本小書權充紀念蛋糕上的一枚小小蠟燭吧！

陳智弘　二〇〇四年五月

目次

進入寫作天地的通行證

——寫作基本練習：譬喻

譬喻，是持以進入寫作天地的通行證。不會使用譬喻的人，大概會被拒於這個國度的通關大門之外。巧妙的譬喻使文字靈動出色，這應該是最基本、也是最重要的修辭法。

使用譬喻法，要新穎、獨創，也要與情境切合，同時喻體與喻依還要有相似點。如以「避風港」比喻家，便落俗套，缺乏創意；有人寫道：「家是穩固的港口，……失意悲傷時可以抱著它痛哭發洩」，此與真實情境不切，我們怎麼可能抱著港口痛哭發洩？顯然這是不好的譬喻；有人說：「青春是人生中最珍貴的一個階段」或「愛情具有強大的力量」，這兩句都沒有譬喻，只是直述。而「愛情像燃燒在身上的火一樣吸引人」這種說法，則是太怪異了，燃在身上的火帶來的是災害，絕不吸引人。

好的譬喻，會創造畫龍點睛的效果，如有人寫道：「愛情像酒，……我們喝酒要適量，微醺的感覺最令人開懷；投入愛情也一樣，沉迷愛情無法自拔的人其實和路邊醉漢沒什麼兩樣。」就是很棒的說法！

特殊的喻依固然令人眼睛一亮，極為普通的尋常事物又何嘗不能做為出色的喻依？只要能精確連結喻體與喻依二者的共通點，也能寫出漂亮的句子，如「他的付出就像是鍵盤上的空白鍵，被人恣意揮霍，終究只為了成全別人」（陳思云），生動地比擬出被踐踏的無謂付出，如果自己的付出是這般不堪，就必須考慮要不要再持續下去了；又如「心中下了一場大雨，我迷失在滂沱中，找不到出口」（黃詩婷），表達內心的徬徨無助，既直接又具體。即使是兩個簡單的句子，譬喻的功能與效果仍舊展現無遺。

以下是同學各騁巧思，細心培育，在文學園圃中栽植出姿態各異的新品種文學花朵。她們以譬喻敘寫熟悉的事物，呈現出嶄新樣貌，頗令人驚豔：

牛奶是純潔的頑童，不甘被媽媽關在瓶裡，而愛從冰箱跑到餐桌上、杯子裡。牛奶平常打扮得乾淨整齊，像個小紳士，卻不時愛惡作劇，襲向孩子的衣襟。當媽媽叨唸小孩嘴角的白痕時，我們總可以看到它帶著勝利的微笑，放縱地齜牙咧嘴。（許恆慈）

奔放的想像力，賦予本文主體——牛奶——異類的特質，營造出無理而妙的趣味。

鬧鐘是個嘮叨的老媽子，總是「滴答滴答」碎碎唸。在我失眠時，她在我耳邊不斷警告：「快睡，快睡，再不快睡著，明天一定起不來」；在我想賴床時，她又一再提醒：「趕快起床，如果遲到，會被教官登記」。

她總是一邊碎碎唸，一邊推著我，要我快步向前。（黃暐筑）

許多人痛恨鬧鐘，卻又離不開鬧鐘，想像成一個雖然聒噪其實充滿愛心的老媽子，不就覺得它可愛多了？

水是上帝雕塑地球的一雙無形的手，因此我們看到高山被切割出深谷，桑田被匯聚成滄海；融凍交替，水將大石粉碎為小礫；連日不休，一場大雷雨移走整面山坡。

上帝之手，創造了地球豐富多變的面貌。（王亭文）

我們總是說造物主創造了一切，水，當然也是祂創造的對象。此處則以水是造物主的工具，創意十足。

大樓是新品種的「樹」，它們龐大的身軀提供人們遮蔭，隨著時間的推移，它們不斷向上茁壯，以彼此的高度互相競爭，誰最高聳入雲，誰就有資格成為「神木地標」。它們很懂得呼朋引伴，擴張勢力範圍，漸漸地，把平地擴張成森林。（林瑜芳）

即便是生活在都市裡，依然難以抹滅親近自然的想望，於是，我們把大樓當成是樹，認同城市是水泥森林……

雨舉行音樂會，大小不同的雨滴是構成這場盛會的一個個音符。大雨滂沱時，所演奏出的，是氣勢磅礴的命運交響曲，令人為之懾服；細雨霏霏時，又是別有風味的圓舞曲，一個個頑皮的音符上上下下躍動著。雨停了，繽紛的彩虹為這場音樂會拉上絢爛的簾幕，讓人期待著它們下一次的演出。（張心）

活潑的想像建構出美麗的畫面，彩虹簾幕的描寫，分外令人悠然神往。

電線桿是一種瘋狂的怪獸，最愛追逐每一輛向前奔馳的車輛。它擅長施展移形換影大法，緊緊跟著它鎖定的獵物，將車窗裡的眼睛玩弄於股掌之間。車子妄想加速逃逸，卻怎麼樣也躲不掉它擺下的一長列迷魂陣。（張書怡）

在想像力的世界中，靜止的電線桿變成充滿動力的怪獸，譬喻新奇有趣。

女人是一台抽油煙機，凡是有油的東西，她們都硬是要搏鬥：腰部的脂肪、臉上T字部位的油光、油性髮質的出油、男人的油水、具有各種神秘用途的精油……，她們都要搾乾、消去、清除。

我也是台抽油煙機，我獨佔男朋友的滑舌油嘴。（楊雅雯）

譬喻新穎獨特，出人意表。末句神來之筆，最是令人印象深刻。

粉筆是一種充滿攻擊性的野獸族群，最愛啃咬黑板，可惜力量不足，總是弄得自己傷痕累累。板擦是它們的天敵，它們卻從不認輸，屢屢在前仆者被消滅之後，後繼者又張牙舞爪、重現江湖。

兇猛的個性，帶來粉身碎骨的下場也在所不惜，因為它們早已在任何事物上留下永不認輸的白色印記。（蘇筱雲）

在文學的奇思異想中，充滿種種可能，即使是平凡無奇的粉筆，不但具有活靈活現的生命力，也有前仆後繼的意志，十分有趣。

流星是脾氣高傲的大明星，觀眾仰望漆黑的舞台，殷殷期盼她閃亮的一現。她從不在「三二一」的倒數後準時出場，只肯在光鮮亮麗的一瞬間讓人驚艷，領受台下觀眾此刻最常說的「我愛你」。仰望她，卻無法預期她何時出現，而每次現身一定就會招來陣陣驚呼與喜悅，這就是大明星高傲的本錢，獨有的魅力。（徐小涵）

流星，的確是眾人仰望的超級巨星，準確把握其特質，就能勾勒出流星生動的形貌。

意識型態是一種植物，一旦研發培育出新品種，便有相關人員把它四處栽種，試圖讓它根植在別人的思想中，有些意識型態的生存意志極為薄弱，往往經不起移株而凋零萎謝；有些意識型態則擁有強韌的生命力，不但能吸取他人思想中的養分，茁壯自己，甚至還可以在壯大後向各處蔓延，淘汰其他品種，終於在各地欣欣向榮，展現姿態。（羅怡蘋）

譬喻，是把抽象的事物具象化的利器之一，透過創意與巧思，作者筆下的「意識型態」

不但具有文學的美感，也寓含使人警悟的深刻觀照。

＊　＊　＊

以下則是「一個題目，各自表述」的作品，雖然聚焦於同一光點，折射出來的光芒卻閃爍著不同的色彩，美不勝收。

壹、時間

1.如果人生如同一杯咖啡，時間便如同奶精，在調配出完美味道與口感的過程中，扮演重要的角色。一杯濃烈的黑咖啡，加入奶精，可以將苦澀的原味烘托出芳醇。人生經過與時間細細的交融，能將快樂提昇為幸福；沉澱在生命中的記憶，經過時間的烘焙，才得以散發出醉人的香甜。生命中必有苦，時間能稀釋苦的厚度；生命中必有樂，時間也能沖淡過頭的歡暢。拿起奶精，調進一杯咖啡中，融合成最香醇的口感，最美好的人生滋味。（徐小涵）

2.時間像緩緩前進的壓路機巨輪，輾碎所有路上的障礙。時間像是公正無私的判官，準確執行所有生命的死刑，既不偏頗富人，也不同情蓋世之材。對於號稱能永恆不變的科學，時間像是一個不好辯的數學家，等待用光陰方程式證明「時間消滅一切」這個定理的正確無誤。時間是馬拉松選手，以絕佳的耐力一步一步跑像沒有終點的終點，這場比賽沒有停止的時候，他也沒有對手，因為除了時間，沒有人具備參賽資格。

萬物皆滅，唯有時間。（張書怡）

例一以單一譬喻通貫全文，委婉細緻，像出自詩人之口；例二則出以博喻，顯得理性冷靜，像哲人之思。風格不同，然各具姿態。

貳、沉默

1. 沉默是在北極的大冰塊上，愛斯基摩人和北極熊對坐著，不懂彼此的語言，只好繼續無言地吃著魚的一片死寂。沉默是我和數學考卷對望著，不了解彼此邏輯的一片無奈。

沉默的陰影逐漸蔓延，等待有人能輕拍北極熊的背與牠比手畫腳，等待我終於能提起筆在計算紙上與數學題目進行溝通協調，期待有人能打破這場沉默。（陳儷文）

2. 沉默像沒有終點的長廊，急欲結束這漫長難熬的過程，卻只聽到跫音空洞的回聲。沉默是時鐘的秒針，每一格都走得舉步維艱，痛苦地想向前再邁開一步，卻只能困難地在間隔之間喘氣。（廖珮暄）

3. 你心底最深的溫柔被包藏在沉默中，一份打不開的禮物是一個真正的你。（劉沛欣）

4. 沉默是靜思的鑰匙。沉澱了紛擾喧嘩，才能開啟思考之門。沉默是大地的聲符，它默默展現雄渾的力量，無人能夠阻擋。沉默是星際間的語言，運轉推移，各顯神通。偉大的作品來自沉默者，驚世的創作來自沉默者，因為沉默令人聽得更清楚，想得更深遠。沉默是最美的眼神，專注的凝視勝過千言萬語。聽！心和心的無言交談不是更有情味？沉默是時空吉他的弦，輕輕撥弄著萬物，使它們原音重現。唯有沉默，才能體會真正的聲音。（孫瑀）

5. 沉默就像是山間小路，蜿蜒崎嶇難走，許多人捨棄不走，但有時卻是能夠最快到達目的地的路徑。沉默即使難熬，但卻比失去理智下脫口而出的話語還能增進彼此溝通。（林宛宜）

6. 我喜歡望著窗外的景物，不發一語，只是凝望。我醉心的並不是眼前的美景，而是此刻的沉默。沉默中的我在思考，在與內心的我對話，這裡的時空專屬於我，無人可以打擾。

就像葡萄酒的醞釀，經過放置地窖的等待，釀出最香醇的滋味，我用沉默去釀我心中的葡萄酒，我靜靜地、緩慢地釀造，直到啟封開罐的那一天。沉默可讓浮躁的心緒緩和下來，讓身體輕鬆不再緊繃。如果沒有沉默的權利，就如同一輛橫衝直撞的車子，無法剎車而釀成大禍。我需要沉默。（林家如）

7. 古有明訓：「沉默是金」，沉默之所以可貴，在於當你沉默之時，心才能平靜，大腦才能思考。沉默像是開啟思維運作的按鍵，接通電源，按下開關，想法才能源源不絕供應動力，驅使我們行動。（陳儀寧）

8. 沉默是只有我一個人的夜空下的海灘。

仰躺在沙灘上，吹著微冷的海風，望著夜空灑下的星星，聽它們爭先恐後對海傾訴什麼，擠眉弄眼對海抱怨什麼。而海面平靜，一點浪花水痕都沒有，似乎不屑某些星星的抱怨而不予置評，也可能是同情某些星星的遭遇而不發一語。

突然，所有的星星都被失了魔法般封住了口，原來在天空與海面的交接處有一顆流星劃過，星星為這美麗的一瞬驚嘆地張口結舌，也和流星一起創造了一刻寧靜但華麗的夜空。

至於我，因為沒人分享這感動而保持沉默。

沉默，就是這擁有無邊黑暗卻也可能璀璨的夜空。（陳彥榕）

例一、例二分別寫出沉默令人不安、焦躁，尤其前者，以具體的畫面勾勒過於沉默的死寂，不禁令人會心一笑。例三文句精簡小巧，充滿詩意。以下則皆是對沉默的正面肯定：例四作者展現高度才華，以連續的譬喻強化主體；例五末句具有警省效果；例六以正反兩個譬喻說明沉默的重要；例七是理性的論述；例八描繪一幅極其寧謐優美的畫面，突顯沉默的可貴。

參、寂寞

1. 我很怕寂寞，諷刺的是，這是所有容易寂寞的人的通病。寂寞就像沒有星星的夜晚，總是接在最受矚目、七彩絢爛的晚霞之後出現。我無法拒絕夜晚的到來，也無法逃避寂寞的侵蝕，只能等著寂寞的黑洞將我一口一口吞噬。（黃瑜婷）
2. 寂寞彷彿一把槍，頂住我的太陽穴，讓我隨時有精神崩潰之虞。（陳威凰）
3. 寂寞像疾駛的卡車向我迎面衝撞過來，撞得我頭昏眼花，分不清東西南北，更忘了自己身處何方，而放眼望去，身邊無人陪伴。（安穎芝）

4.派對結束，互道再見，屋子還是屋子，路燈還是路燈，可是情境和氣氛的改變讓寂寞有機可乘，像一架威力十足的轟炸機，轟轟前進——寂寞，震耳欲聾。（陳沂萱）

5.寂寞像古堡裡的野獸，滿盈情感卻無處宣洩，在陰森的長廊覓不著可以傾訴心曲的公主。低落、疑惑、愛意、思念……不斷在心房膨脹喧囂，野獸沉沉低吼，吼得玻璃落地窗都驚抖顫慄——寂寞原來是最吵鬧的安靜，吵得人心煩意亂，靜得使人胡思亂想。（張芷瑋）

6.寂寞是一條瘦瘦長長的路，我沿著它走向孤單，遠離了笑聲。（黃薇倫）

7.寂寞像一顆裝在包裝精美禮盒中的不定時炸彈，隱藏在美麗令人欣喜的外表下，常常被忽略，卻在人意想不到的情況下被引爆，炸開的灰塵席捲而來，躲也躲不掉。（徐嘉璘）

8.寂寞就像苦澀又帶酸味的濃咖啡，刺激著我的味覺、我的大腦、我的心。（段雅齡）

9.一朵雲擁有整片天空是寂寞，無人分享自己的喜悅，無人伴隨遨遊，縱使天空再廣大，也填不滿心底的空虛。

夜半的鐘聲是寂寞，無人聆聽自己沉穩的節奏，無人給予共鳴，縱使夜色嫵媚，也只有獨自欣賞。

冬日的寒梅是寂寞，冰天雪地的傲骨抵不過百花的陪伴，縱使文人稱賞，也只有綻放孤單。

沒有你的我是寂寞，有雲朵的自由，有鐘聲的自賞，有寒梅的自傲，卻也有它們的寂寞，縱使如何偽裝我不在意，還是被你看透。只是，我學會了，寂寞。（曾姿穎）

10. 寂寞的人像是放在玉米濃湯旁的一根吸管，一樣在餐桌上，一樣被人群圍繞，但這根吸管找不到自己的用處。當胡椒加入熱湯中，被湯匙輕柔地攪拌時，吸管聽到它們相應相和的快樂，但它只能被冷落在桌子上，然後被遺忘。（石宜真）

11. 傍晚時分，獨自一人佇立在新光三越廣場中央，熙來攘往的人群擦身而過，寂寞如同千萬隻螞蟻悄悄爬上我心頭，啃蝕我心窩。我的心漸漸被掏空，剩一具空皮囊飄遊在人群中，太陽嚥下最後一口氣，彩霞仍苟延殘喘地垂在深藍天空。攤販出來了，人群來來往往，我的寂寞愈發強烈。千萬隻螞蟻幻化為飢渴的巨大野獸，連我那具空皮囊都吞噬到牠肚裡的無底洞中，我來不及抗議便消失在人群之中，最後那一抹慘淡的微笑掉在路中央，沒有人注意，更沒有人在意。（陳思潔）

12.朋友問我：「你嚐過寂寞的滋味嗎？它的味道像人生的第一口香煙，苦苦澀澀，令人噁心欲嘔。」我不這麼認為，我回答：「我喜歡寂寞，享受寂寞，寂寞像動力超強的火箭推進器，將我推進無人能及的天際。」（盧冠伶）

13.當我此刻坐著，面對身旁的空無一人，悄悄由心底竄生的寂寞啊，有如秋夜的細雨，來得無聲無息，卻又綿密地近乎不絕，加深了一點冷，以及蕭瑟。但輕細而柔柔地飄著的雨絲，讓本來枯黃的植物得以延續生命而迎接冬日。我開始明白寂寞不是全然的孤獨，寂寞是種樸素的心靈思考。寂寞讓人學會自處，就像一位寡言而博學的智者，他有些讓人難以理解，和他共處有些不知所措，但從他那裡必然可以學到些什麼，關於自己，關於人生。所以，面對寂寞可以更深入了解平日不曾想過的事，也許有些冷，但若逃避了，永遠只會知道它冷而已。（羅怡蘋）

14.山谷中泠泠作響的，是一條小溪。寂寥的河水映著山影樹影，陣陣鳥語花香融入了他的冷冽。獨自翻山越嶺，在白天放歌，在暗夜低鳴，忍受著最冰冷的寂寞。從斷崖化做一條白龍躍下，於山腳遇見其他寂寞的溪水，匯流成河——一種更浩瀚的孤寂。但，一片寬廣的藍映至河心，面對那一片海闊天空，寂寞蒸發了，伴隨些許水氣。

能忍受寂寞的人，才是能擁抱成功的人。（吳芊芊）

想來年輕人愛熱鬧，不喜寂寞，故一至十一例皆描寫寂寞啃噬心房，令人傷痛。其中，例五出以對比的句法「最吵鬧的安靜」，有無理而妙之趣；例十將尋常事物組合成不尋常的關係作為喻依，令人讚嘆。十二至十四例的作者則別有所思，能享受寂寞，或是在寂寞中自省，更能通過寂寞的考驗而有所成，反映出成熟的見解。十三例、十四例兩則文字俱佳，尤其末段，皆開創出令人低迴的空間。

肆、憤怒

1. 腦袋裡的血液正在沸騰，身上每個細胞都想戰鬥，霎時間，所有人事物都成了易燃物，不知道這把烈火還會往哪兒延燒……（謝瑜珊）

2. 我感覺全身的血液由腳底逆流向上，直衝天靈蓋，滾滾熱血沸騰，就好像大西洋下的紅滾岩漿正在蓄集能量，等待愈集愈多，即將達到飽和時，地殼撼動，海水波湧，岩漿急尋能量爆發的出口。

我走在路上，街旁霓虹燈、紅綠燈閃爍不停，車輛來往不息，我愈走愈快，每一步，都在人行道上印出一個深深的腳印。我臉頰發紅，雙眼凸出，是兩團靈動欲出的紅火。大西洋薄薄的地殼在剎那間被衝破，地表快速向兩旁裂開，滾燙的岩漿噴爆而出，達數丈高。

讓它噴爆吧！待冷卻，它將會成為一座漂亮的島嶼。（張瑋）

3.憤怒像火山爆發時滾燙的岩漿，挾帶著毀滅性的力量，四處飛濺、快速竄流，令人猝不及防，就已遍體鱗傷。（李麗君）

4.當眉毛像兩條毛毛蟲拚命的纏鬥，雙唇像金魚般不停地開合，背部像花豹般拱起，奔騰的情緒像洪水就沿著憤怒的河道流洩。（李映萱）

5.胸中彷彿有一台抽風機，不斷將熱氣吹至我身體的每一個角落，我漲紅了雙頰，體內一陣燥熱，不滿的情緒一觸即發。（邱思維）

6.那人在試探我的火種，彷彿嫌自己的肉太腥，想來個高溫碳烤。怒火漫無目的地竄燒，剎時間重現水滸傳裡草料場，好巧不巧，那人名字正叫林沖。憤怒的地雷佈滿全身，一一炸開，我感到肌膚一陣陣椎心刺痛，好像月圓之夜要暴起的狼人，失去五彩的視線，眼裡眼外都只有黑白……我不知道我做了什麼。

煙霧消散後，那人不見了，我殘缺不堪，只剩一副鮮紅的大腦，仍激烈地運作著，不時發出忍隱的喘息聲，將育化成世界最大的火種。（王亭文）

同學筆下憤怒的情況具有高度的同質性，例一至例四皆以充滿危險性的無情水火及火山熔漿為喻；例五的喻依較特別；例六乍見時令人直覺匪夷所思，再深入則發現文字具有高度張力，十分耐讀。看到這些描寫，不禁赫然發現：憤怒使人失去威嚴，不可不慎。

伍、煩躁

1. 煩躁像一團雜亂纏繞的毛線球，糾結在心中，愈是想去整理、搜尋失落的線頭，思緒就愈紛亂。有時，我以為沿著一條線就能理出端緒，卻總是迷失在錯綜複雜、死結不斷的線球裡。（賴羿伶）

2. 我心裡住了一群惡鬼，十八層外的地表是我易感的軀殼。他們沉睡，我暫得安寧，他們一旦醒來，便會在我心房擊鼓尖叫，噬咬我的胃，翻騰我的腸，扼住我的氣管。如我能撕裂自己的胸膛，揪出這些作惡的小鬼，或是以瘋狂的姿態將他們嘔吐出來，也許就不再如此心神痛苦與混亂！但我，我只是十八層外的一層地表，如何劇烈的震盪，也只能逼出一點皺紋和幾滴眼淚。而別人的眼光是厚重無形的大氣，讓我無法大動作逼出那些小鬼。（楊雅雯）

3. 坐也不是，站也不是，無論做什麼事都覺得不對勁，總覺得心頭好像懸掛著一個

大石頭，搖擺不停；眉頭似乎被一把鎖緊緊鎖住，怎麼也打不開。（陳怡潔）

4. 心裡很煩，胸中悶氣無法發洩，就像關了無數騷動不安的野獸，急欲往前狂奔。（梁雅玲）

5. 假日下午，翻開書本卻一個字也讀不下，一陣煩意上來。為什麼煩？煩什麼？望著課本上張牙舞爪的文字發呆。索性閉上眼，試著理清心中的思緒，但那纏人的煩，就像貓咪腳上纏住毛線，愈是用力掙扎，就綁得愈緊……。忽然間，情緒抽離，那陣煩躁像隻優雅的黑貓，帶著笑意在一旁冷眼看我——一坨糾纏不清的毛線。

6. 來了，一條大蟒蛇急速前進，而後，一圈又一圈纏繞著我，愈纏愈緊，緊得我透不過氣來，無助、無奈像蟒蛇身上亮得刺眼的鱗片，我閉起眼，無力掙脫。（張心）

煩愚弄了我，我滿足了煩。（張雅婷）

7. 我好煩，好像走進迷宮。慌慌張張，我抱頭亂竄，左轉，直走，三個左轉再右轉……，怎麼又回到原地？（林瑜芳）

8. 煩像一隻走入死巷的狗，找不到出口的方向，既不想待在原地，卻又無法翻牆找到另一條出路。（王儷璇）

9.積聚胸口的悶如水，在她體內增溫、增溫，達至沸點，滾燙地在她軀幹四肢竄動，找不散熱的冷卻口，漫向四處又聚回原點。她聽到每個細胞都在抗議，每個器官都在呻吟。（黃彥萍）

在這個主題之下，好幾位同學以「獸」作為比喻，可見煩躁會使人失控。例二寫出了雙重壓力——內心的煩躁和外界的眼光，同樣令人難以消受；例六末句有畫龍點睛的效果，告訴我們，因煩躁而失去理性，就被愚弄了。

陸、哀傷

1.哀傷是身衰與力竭的綜合體，其中摻雜著無奈與恐懼的情緒，像一隻受困於蜘蛛網中的蝴蝶，極力掙扎，依舊無法動彈，只能等待死神的眷顧。（鐘奕涵）

2.哀傷是一根扎在心頭上的小刺，雖然它不會置人於死地，但卻持續使心隱隱作痛，越是想要把它挑出來，愈是扎得深。（陳韋玲）

3.哀傷是一隻小螞蟻，小得使近視眼的她看不清楚牠的形象，摸不著牠的行跡。牠悄悄向她走近，無聲無息，彷彿一同處在百般寂寥的外太空。不知從何時開始，牠以蟻酸麻痺她的腦，就在她暫時失去知覺的同時，把她珍藏的甜餅乾一點一滴搬回牠的安樂窩。等到她醒來時，已剩下零星散落一地的碎屑。螞蟻是趕不走的，她只好展開一場與螞蟻的漫長拔河：螞蟻在暗處偷偷侵入她的心房，她則奮力修復、填補。有時，她感到疲倦了，只好無能為力地看著螞蟻帶走她辛苦的成果；但螞蟻也會有攻不進她以滿足愉悅固守心靈城堡的時候。她和牠，你來我往，似乎一輩子都不得分開了。（施佩宜）

4.天氣陰，心情很低。心情，飛越不了那地平線，沒有起伏；哀傷是一陣輕得不能再輕的風，吹過心底的湖，絲毫沒有激起任何漣漪。（周茹彬）

5.像數萬根針一根一根連續扎上心頭，重複的痛楚令人無法呼吸。公車窗外沒有盡頭的街道，伴隨著烏雲密佈的天空，我感覺到孤獨無止盡蔓延。當它的觸角將我團團包圍，我赫然發現，孤獨的極致原來是哀傷。（余姿瑩）

6.哀傷是一帖忘了標明期限的鎮定劑，不管是經歷了痛澈心扉的生離死別，抑或僅是感慨滄海桑田，又或者是接收了某個訊息而產生如蜻蜓停泊水面卻激起圈圈漣漪的震動，它總會在無聲無息中悄然進駐我的血液，跟著循環遍及全身。

哀傷是遭逢父母辭世才了解樹欲靜而風不止的悔恨，哀傷是被摯友誤解卻有苦說不出的無奈，哀傷是一磚一瓦辛苦堆砌的城堡瞬間崩塌的無力，哀傷是不想遺忘卻船過水無痕的空虛感，哀傷是掌握中的世界剎時間風雲變色的震懾，哀傷是體驗了永遠不可能重來的美好卻無法保存的慨嘆。

哀傷是啜飲醇酒後，餘韻散去的平靜；哀傷是品味茶飲入喉的甘澀；哀傷是一劑蘊含了各種藥草精華的補湯，為受創的傷口開啟平復的希望。（許恆慈）

哀傷是一種深長但不強烈的情緒，所以同學取擇的喻依都是細微的。例三以較長的篇幅細細敘寫雖然小但無法忽視的哀傷；例四則言簡意賅，營造出切合主題的氛圍，都很動人。例六最為精彩，作者文思豐沛，一連串譬喻泉湧而出，充滿新意，而末段寫出讓哀傷昇華，不再沉溺，文旨藻采，雙美並現。

* * *

創造力是上帝賜予我們的恩典，有了創造力，能將腐朽化為神奇，將荒漠變成花圃。我們日常生活所使用的語言，比較直接、簡單、隨意，是客觀、中性的普通語言；但寫作文章，為求優美、生動、感人，在文字的經營上，必須匠心獨運，自出機杼，此時，譬喻就是一種極為重要的創造力，善於使用譬喻，有助於鍛鑄容易喚起情感共鳴的文學語言。

在構成完整篇章之前，「譬喻寫作」是初步的基礎練習，繪畫的基本訓練是素描，作文也需要奠定基礎，以培養基本能力。

上述同學的才思以「千樹萬樹梨花開」為喻，應該不算誇張，她們文采粲然可觀，展現了極為豐富多樣的面貌，相信她們都已獲得「寫作國度」的簽證，期許皆能深入探訪，為自己寫下斐然可觀的篇章。

換句話說更有效

——文學化的禁制公告

一句話，可以理直氣壯地滔滔直言，可以犀利辛辣、不留餘地冷嘲熱諷，當然也可以婉轉曲折地敘說心中意，或語帶幽默、四兩撥千金地化解危機。「換句話說」，效果也許出乎意料。

以交通警告標語而言，可以是直述的——「交通安全，人人有責」，而「快快樂樂出門，平平安安回家」是我們常見的標語，規矩中不失其教育意義；有的是寫實的——「時速保持三十公里，可以欣賞沿途美麗的風景；超過五十公里，請到法庭作答；超過八十公里，請到醫院留宿；超過一百公里，請君安息」（馬來西亞柔佛市交通安全週告示）；有的是婉轉的——「安全是回家唯一的路」。這幾句標語，固然能達到提醒或警示效果，可能稍嫌平淡。

觀諸其他各國的警告標誌，在警告意味中大多出以幽默的口吻或者說「反話」達到正面的訴求，如此的宣導應該更有效果吧！如：

- 請司機朋友密切注意，目前醫生和殯儀館的工作人員正在休假。（瑞士公路）
- 如果你的汽車會游泳，請照直開，不必煞車。（美國西海岸公路的急轉彎處）
- 肇事後別忘了到警察局。（阿根廷）
- 請不要在金字塔下製造悲劇。（埃及）
- 法律不准你置他人的生命安全於不顧。（尼加拉瓜）
- 生命也許就葬送在你忘記法律的一瞬間。（尚比亞）
- 如果您想快樂，請您把車速再減慢一點。（祕魯）
- 違規駕駛者請小心，法官會去拜訪你。（哥倫比亞）
- 違規駕駛者，上帝也難保佑你。（德國）
- 請握住你的方向盤。（墨西哥）

【習作說明】仿照示例，由下列三條禁制公告語任選其一，用文學化的筆法加以改寫，使之更生動有趣而不失原意。

【示例】（公園裏）攀折花木，不許亂扔垃圾

【改寫】在公園中駐足流連，除了美好的記憶，什麼也不帶走；除了愉悅的腳印，什麼也別留下。

一、（教室內）禁止喧嘩，不許打鬧
二、（閱覽室裏）報刊不得帶出，違者處罰
三、（駕駛者）酒後不准開車

【佳作】

題目一：

- 走路活動靜悄悄，台政清交隨你挑。（中山女高高三班級教室走廊）
- 讓靜謐與祥和進駐教室的每一個角落，平穩你我浮動的心。（許恆慈）
- 輕聲細語，是有氣質、有水準又充滿知性的女孩不可或缺的一種表現。（孫瑀）
- 噓！安寧的教室聖地不是猿猴吱喳晃盪的原始動物活動區。（張芷瑋）
- 同學，別讓你家的嘴和四肢逃出籠子，到處胡鬧！（陳儷文）

題目二：

- 在閱覽室經歷過心靈的洗滌之後，別忘了讓下一位讀者也擁有經由報刊進入精神寶殿巡禮的機會。（黃詩婷）
- 報刊也會想家，別讓自己成為殘忍的綁票罪犯。（徐小涵）
- 閱覽室內，我們不反對你和報刊建立愛的橋樑，但我們嚴禁私奔。（李祐寧）

● 人要回家，狗要回窩，報刊要回書架上。（張馨予）

● 報紙說：「我的家在閱覽室，當你回家後，請讓我也能享受天倫之樂。」（吳芊芊）

題目三：

● 酒後不開車——難道你真的想當酒「鬼」嗎？（邱思維）

● 您的愛車可不喜歡渾身酒臭味。（張蕙欣）

● 在濃厚酒精的薰陶下開車，撒旦將會帶領你步入一個他偷偷佈置好的陷阱中。（賴羿伶）

● 別讓酒味薰臭您車內的新鮮空氣；別讓鮮血濺污您愛車的美麗烤漆。（鍾奕涵）

● 清醒是抵達目的的最快速度，不要酒後開車，延誤回家的時間。（陳彥蓉）

● 據說車子的酒量不好，喝完酒後總會走錯路——走向天堂之路。（黃暐筑）

● 香車應該配美人或紳士，你不會想讓可厭的酒精惡魔來車上搗蛋搞破壞吧！（陳彥榕）

● 喝完美酒後，請放下控制方向的轉盤，任自己享受那份微醺。（莊美智）

● 上帝喜歡收留酒後駕車者。（施佩宜）

● 酒後駕車——閻王正在對你微笑且招手。（李麗君）

●想知道不痛且快速又有效的死法嗎？——請在酒後開車！（張瑋）

●你若是急著和閻羅王喝一杯的話，開車去會快一點。（徐志寧）

比起嚴肅直接的禁制標語，文學化的告示更有人情味、更能產生良好的效果。

植根於知識土壤的想像力之花

——為「屈身葬」找個合理的解釋

想像力，是寫作文章必須具備的重要能力之一。年輕一代的學子大多反應活潑靈敏，但慣以跳躍的思考模式帶出「無厘頭」、「跑野馬」的結果，偶而為之無傷大雅，一再如此，就不是好現象了。筆者認為發揮想像力不是胡思亂想、無的放矢，必須根植於知識學理的土壤中，才能培育出令人欣賞的花朵。

張曉風有一篇文章〈給我一個解釋〉，內容描述有一次參觀大英博物館，看到一具枯屍，這人有個奇異的外號叫「薑」，大概兼指他薑黃的膚色和乾皺如薑塊的形貌！原來西亞一帶採取砂葬，熱砂和大漠陽光把他封存了四千年，他便如此簡單明瞭的完成了不朽。文末，作者從漢人對死亡的觀點——死了，當然得直挺挺地躺著，表示：「對於這具屍體的『屈身葬』，身為漢人，不免有幾分想不通。」

當然作者在文章中交代了原因，筆者覺得這是一個值得學生思考的題目，便只引用部分文章，作為語文表達的題目，讓學生發揮想像力，說明西亞「屈身葬」的意義。

若同學極力馳騁思緒，編造的情節即使曲折離奇、充滿創意（如這個人在沙漠奇遇外星人、腹絞痛而亡……），令人匪夷所思，實在不足為訓。宜依憑民俗、地理、歷史、人類學等知識背景，再乘著思考的翅膀飛翔，提出的看法才能真正令人擊節讚賞。

諸如有人從地理的角度切入：「在那樣一個風起砂飛、溫度極高的沙漠中，為了防風沙日照，人們行進時總是低著頭、彎著腰，他們在惡劣的環境中學會屈從。所以當走到生命的盡頭時，自然也屈起身體，在沙漠中安息。」

或從人類學的角度思考：「西亞民族採屈身葬，可能因為他們認為人死後埋入土裡恰如嬰兒重歸母親的子宮，胎兒既在子宮中屈身，人死入土亦當屈身，不但使生命的終始有所呼應，更期望藉著這個姿勢等待重生。」

有人基於歷史的認知提出看法：「西亞，是古老文明的發源地。通常，傳承古文明的民族都有強烈的階級意識，當地也許只有貴族死後才具備平躺且被安置妥當的資格，既為奴隸，一如生前的卑躬屈膝，死後只得屈身下葬。又或許是罪犯，死後的蜷曲姿態使他的靈魂無法輪迴，永遠孤獨地困在扭曲的軀體中。這具不朽的枯屍，正代表根深柢固的階級觀念。」

也有以宗教的觀點出發：「屈身與匍匐、跪拜的姿勢相近，西亞人採用這種彷彿向神祈求救贖的方式安葬死者，應該是為了表達對神與大自然的敬意與感謝。卑屈蜷縮的軀體，不但與大地貼近，更是靈魂謙遜感恩的儀式。」

還有人揭示了生存的意義與價值：「頭低垂，輕輕抵著手，手肘與彎曲的膝蓋碰觸，形成一道神秘的弧線——屈身。屈身的姿勢代表謙卑，滿懷感謝母親的辛勞，也虔誠敬拜大地的賜予。人一生最大的關卡就是生與死，出生時滿懷感激，死亡時心存感念，所以都保持一樣的姿勢。」

更有人從日常生活習慣推敲：「不管風俗習慣如何，人們總希望死者入土為安。中國古訓：『臥如弓』，告訴我們睡眠應該保持蜷曲側臥的姿勢，所以死者下葬也不一定非得直挺挺躺著不可，『屈身葬』說不定能讓長眠的死者更舒服呢！」

在想像力的馳騁下，上述說法既符應人情，亦切合學理，為作者想不通的地方提出美好的解釋。

為適應知識爆炸的當前社會，跨科別資訊的流通與分析、融合與統整能力，顯得格外重要。在語文表達的訓練上，國文老師不妨也朝這個目標開發新題型，訓練學生利用所學的各科知識，並結合想像力，開創更多元廣闊的思考空間。

閱讀與表達合流

——捕捉「康拉德三世戰爭故事」的深意

從92學年度上學期臺北區高中第一次聯合模擬考非選擇題，筆者觀察到「閱讀理解與寫作表達合流」的現象。

題目要求學生閱讀一個故事，再針對故事深旨加以詮釋、闡發或評論。故事的大意是：西元十世紀，日耳曼皇帝康拉德三世率領部隊包圍仇敵巴伐利亞公爵，原本要置他於死地，而當時流行「勝利者的風度」，故康拉德三世允許被圍困的婦女徒步出城，並將能夠帶在身上的都帶走。當這些被釋放的婦女走出城時，康拉德三世看到一個場景：所有的婦女都肩背著她們丈夫和孩子，他的仇敵巴伐利亞公爵也在他妻子的背上。

同學寫作時，應該不至於會有闡發錯誤的情形，只要能針對故事發揮，從康拉德三世、巴伐利亞公爵或婦女之所為議論皆可。

從康拉德三世的立場而論，我們可以說他不能堅持到底而功虧一簣；太過自信、輕忽，行事魯莽而讓到手的勝利溜走；追隨潮流（勝利者的風度）或重視輿論而導致失敗。從巴伐利亞公爵的角度來看，可以說他不放過任何機會，故能絕處逢生；能夠化危機為轉機。從背負丈夫孩子的婦女而言，可以說她們憑著愛（親情）的力量、或是智慧、想像力、縝密的思慮挽救自己的親人。

若不從個人角度抒論，綜合觀之，亦可說每一個小小的決定都能使結果顯著不同——可能造成無法彌補的錯誤，也可能扭轉頹勢。

可以切入的角度很多，使得這個小故事充滿值得探討的空間，但同學閱讀之後取擇的重點仍可判定高下，如以「婦女平時雖然瘦弱，此時竟背負比自己重的丈夫逃生，可見人是有潛能的」、「康拉德三世汲汲追求名利而忽略親情的偉大而導致失敗」或「戰爭是殘酷的」為旨，不能說錯，然而這不應該是故事最重要的旨意，畢竟故事的結果令人意外，才是值得深入探究的核心。

有的同學會體會到「人們常在自以為微不足道、無關緊要的疏忽中，讓已然到手的成功從指縫溜走」，或是「人性的光輝往往為這個世界畫下一個出奇不意的美麗驚嘆號」，甚或「現實的苦難是很薄弱的束縛，它妄想綑綁我們的身軀，卻永遠關不住乘著想像力雙翼高飛的心靈」，還有「康拉德三世既然能在剛掌握勝利契機時，對投降者所提出誘人條件不屑一顧，又為何在足以大展雄威的最後關頭一敗塗地？原來他最大的敵人不是巴伐利亞公爵，而是自己那猶疑、不堅定的意志！」……，這些文字不僅是考試作文的精彩表達，也同時在閱讀中提煉出對應現實人生的縝密思維。

也有同學引援古訓來詮釋其人的作為，可見流傳已久的古老名言仍具有時空不易的深旨，例如：

> 古者云：「驕兵必敗」，我想，這個故事正說明了這四個字的深義。
>
> 康拉德三世因為情勢佔於有利地位，於是整顆腦袋全被驕傲給蒙蔽，對於巴伐利亞公爵提出的誘人條件絲毫不予理會，也未精思熟慮，便做出最後令他懊悔不已的決定。他能把這個錯誤推卸給誰？一切都是咎由自取啊！若非他過於驕傲自信，又貪圖擁有「勝利者風度」的美名，結局——他造就了巴伐利亞公爵的平安脫險——也不會令他如此感到扼腕了。
>
> 這一切一切，都強烈諷刺「驕兵」的失敗。（石孟沁）

這個故事的結果很令人意外，戰爭的源起必然是仇恨，而終止戰爭的因素是什麼？是愛的力量！愛與恨的力量孰大？有同學如是寫道：

> 殺戮並無法平息心中的仇恨，只會使仇恨向四面八方擴散蔓延；唯有寬容和愛，才

能真正砍除仇恨的藤蔓。

康拉德三世的恨，使他忘了得饒人處且饒人的道理；讓城內婦女的愛，戰勝了他的精銳部隊，也戰勝了他心中的恨意。當仇恨淹沒眼前所有事物和思考能力，縱有千萬大軍，也難以得勝；當愛溢滿心中，即使兵臨城下，也仍能獲得一線生機，得到最後的勝利。

這不是一場比軍備、比動員人數的戰爭，而是愛能戰勝仇恨的最佳例證！（張仲孟）

還有同學另闢蹊徑，不臧否人物，專談人類的感情：

當你深陷於仇恨之中，近似熱烈地憤恨一個人時，你是否想過，也許他身後有一個全力愛著他的人？

人的怨恨就像霸道的變形蟲，毫不節制的繁衍、擴張，等到它膨脹到出乎意料時，人們其實也早忘了怨恨之緣由。巴伐利亞公爵背負了康拉德三世沉重的仇恨和敵意，康拉德三世不接受任何交換條件，只為了置他於死地。

可是當他全意地恨巴伐利亞公爵時，公爵夫人也正全心、無條件地付出對巴伐利公爵的愛，兩人如此極度的愛恨，是某種程度的相同。

人類正因有這份情感的牽絆，才創造出了許許多多動人的故事。（石宜真）

兩個男性之間的戰爭，平息在偉大的女性滿腔的愛意中。有同學借此歌頌母性的偉大：

強悍的康拉德三世大概永遠都無法接受這殘酷的事實：自己竟會敗在他眼中渺小、手無縛雞之力的女人手上。他也許從來都不曉得，女人血液中熾熱的母性，正是天地間最強大的力量啊！

經歷過盤古開天闢地般撕裂的痛楚，萬物生成時必經的煎熬，還有什麼苦難是這單薄的身軀不能承受的？丈夫、子女區區的重量又算得了什麼？

母性的偉大不需靠戰場上激烈的廝殺來證明，母性本身，就是偉大的象徵。（林瑜芳）

傳統的國文科命題，總是閱讀測驗與作文分流，而這個題目在有所規範中給予學生開闊的思考空間，同時考核閱讀理解與語文表達的能力。如此命題模式，指出平時設計課外補充教材之際，吾輩可以參考的一個路向。

小故事・大道理

——由淺入深的寓言習作

古時候，「真理」從天上降臨人間，他跑進皇宮向國王說教，話語中不帶任何修飾，國王聽了一會，便把他轟出去了；第二次，「真理」運用華麗的詞藻，滔滔不絕地向國王宣導，國王聽了一陣子，又覺得不耐煩，遣人把他送出去；第三次，「真理」化身成娓娓動聽的故事，國王聽得入神，不知不覺接受了他的勸諫。

沒錯，「真理」就是借寓言之力，才成功說服國王的。

寓言，是許多人從小與書籍結緣的橋樑。因為寓言具有故事情節，所以容易引人入勝；又因為取材靈活、風格多樣，將哲思與道理包裝在故事糖衣中，或提醒、或勸誡、或針砭、或論說事理、或提供經驗，所以遠比直接說教更能收到良好的效果，當然也更耐人尋味。

本系列「寓言習作」內容，結合了筆者在班上的作文教學，及本校承辦「台北市九十二年度區域性國文資優教育方案——如何說故事：發現中國寓言之美」研習活動中的習作課程（各項習作由王淑蘭老師、廖翠華老師與筆者共同討論、設計）。設計構想是依據由小而大、由淺入深的進程，希冀同學對「寓言」由認知、理解、思辨、重新詮釋到改寫和自行創作，透過閱讀、討論、口頭發表及文字創作，不但能體會寓言的趣味性，更透過寓言的改寫或創作，培養高層次的創造思考與想像力。

壹、寓言新說

對於古老寓言所涵蘊的寓意，長期以來，已有固定的共識，這誠然是豐富經驗或智慧的結晶，但我們何嘗不能從新的角度切入，「古事今說」一番呢？何況好的寓言作品，提供的思考空間必然甚大，而不只寓含單一寓意。因此，解讀鑑賞寓言故事之時，如能進行多角度、多層次地分析探索，則能曲盡該寓言的豐富內涵，也能提高同學的創造與思維能力。這個設計希冀刺激同學的思考，讓他們不受沿襲的既有說法侷限，以開拓思維境界。

作法是提供數個寓言，請同學提出質疑、否定原意、加以批判、別有所解、肯定詮釋，或以現代的看法比附。

以下是參加「國文資優教育方案」研習活動的同學在討論之後，對「守株待兔」和「東施效顰」這兩個老寓言提出的新看法和解讀：

1.守株待兔

兔子撞死在樹根下，是一件極其偶然的事，不可能天天發生。因此「守株待兔」原是用來嘲笑那些死守舊規矩，不知變通的人。今人則將「守株待兔」引申用來嘲笑那些在偶然機會獲得意外收穫，就因此等待機會，希望不勞而獲的人。但，這種人一定會失敗嗎？

倒也未必！「懶惰」為人類進步的原動力。萬物之靈的人們就因為懂得思考，為了想得到便利的生活而發明創造出新器具，並隨著時間加以改進，精益求精。

就故事中農夫而言，若能花點心思，善用器物製造陷阱，便可使人力轉移至其他部分。推廣到現代，我們依然期待不勞而獲之事，只要運用智慧，誰說不能開拓出更寬廣的道路？在經濟上，如果能將守株待兔的缺點改進，亦可開源節流。生活中，關閉電視、轉台經常耗費許多時間和體力，於是，聰明的人們發明出遙控器。積少成多，多餘的時間累積下來，便可喝幾口茶，吃點點心，為生活增添不少寫意空間。

所以，守株待兔雖是不智之舉，但若能加以轉換，亦不失為進步、增加便利之良方。

2.東施效顰

模仿也是學習的一種，去學習如何使自己更完美，亦是一種挑戰。愛美是每個人的本性，誰不希望自己美一點、好看一點？東施之所以學西施，是為了追求更美，若能學習截長補短，早晚會成功的。如西施捧心很美，而東施捧心讓人受不了，是因為她做那動作不好看，她若是學西施走路的姿態，說不定另有一番風貌，表現出自己美麗的一面，那就成功了。

又或許是東施對於自己太沒信心，認為自己是醜女，久而久之，以至於人人皆以醜女看待。若能建立自信，常保笑容，表現朝氣活力，相信再也沒人會把她當醜女看。要知道，每個人天生的相貌面孔都不同，都是獨一無二的，所以沒有人會和別人美得一模一樣，只要有自信，就會很美。

東施效顰，以現代眼光來看，是一種對美的追求。在現今這科技發達的時代，是很有可能成功的，君不見整形外科技術的改進，為了變得更美麗而整型的人不可勝數，像整形之風盛行的韓國，據說七成以上的女性都曾整形。台灣的例子也愈來愈多，蔚為風尚。這不正是東施效顰而成功的例子嗎？

舊寓言，新詮釋，這不只是腦筋急轉彎，而是開創無限的可能。

貳、寓言續寫

先閱讀下列寓言故事，再以簡易的文言文續寫「人笑之曰」的內容，補足整個故事。

蠹魚

吳沃堯

蠹魚蝕書滿腹，龐然自大，以為我天下飽學之士也，遂昂頭天外，有不可一世之想。出外游行，遇蟯蛔，蟯蛔欺之；遇蠅虎，蠅虎侮之。蠹魚忿急，問人曰：「我滿腹詩書，自命為天下通儒，何侮者之多也？」人笑之曰：「　　」

【原文】人笑之曰：「子雖自命為滿腹詩書，奈皆食而不化者，雖多何用？」

【佳作】

1.汝不聞「念高危，則思謙沖而自牧」，焉有鴻儒而自矜滿腹詩書哉？（孫瑀）

2.甚已，汝之愚也！汝雖蝕書滿腹，未曾通達，竟以天下通儒自視，故遭此辱，不亦宜乎！（林宛宜）

3.汝自負滿腹詩書，實胸無點墨，且驕矜自大，無怪蜣螂、蠅虎欺之也！（郭育辰）

4.汝以蝕書為傲，猶井底之蛙而不知河海之闊。今見侮於蜣螂之徒，乃自取之也！（黃詩婷）

5.汝不知天下之大、學識之廣、人才之多，何以為天下通儒？（康玉蓉）

這個設計，順便讓學生練習寫作文言文，有雙重功效。

參、寓言改寫

選擇一個現有的寓言加以改寫，改寫的方式有許多種，諸如：

1.人物不變，情節改變，結局逆轉，寓意改變。

2.人物不變，並保留原來的結局，但情節重新更動，寓意也有所不同。

3.原始寓言的寓意不變，但人物、情節全盤改變。

現請同學先閱讀下列寓言故事（節錄自谷口江里也《新伊索寓言》，王淑蘭老師提供），同樣以烏鴉為主角，重新鋪敘「烏鴉與孔雀羽毛」的情節，將這個故事改寫為另一則新的寓言。

一隻烏鴉走在森林中，偶然發現到一隻死去的孔雀，便偷偷拔下孔雀羽毛，插滿自己的全身。當然，任何人一看就知道，那是穿著孔雀羽毛的烏鴉，只有一個例外，就是這隻烏鴉，牠以為這樣子就能變成孔雀了。然後，為了加入孔雀的圈子，烏鴉來到了孔雀的所在，當然馬上就被孔雀修理了一頓。

【佳作】

1.某天，正當烏鴉經過森林時，赫然發現路邊倒著一具孔雀屍體，她在心裡暗自驚嘆：「哇！好美麗的羽毛啊！」這時，身為女性的愛美意識如泉水般湧現，於是她便拔光那隻孔雀的羽毛回家了。

之後，烏鴉整天想著：到底該如何利用那些羽毛才好呢？她走到溪水邊，拿起一根鮮豔的羽毛在身上仔細的比劃，忽然靈光一閃，她發現把羽毛當作腰帶繫在腰間似乎頗出色，便興高采烈跑到鎮上告訴其他愛美的女性同胞她的這項壯舉。果然獲得熱烈的好評，大家爭相向她索取孔雀羽毛。

從此，她成了鎮上人緣最好的烏鴉。（石孟以）

2.有一天，烏鴉在森林中巧遇孔雀，便對孔雀說：「真希望我也能和你一樣有一身美麗的羽毛！」孔雀卻說：「我才羨慕你能在空中自在飛翔呢！都是這身沒用的羽毛害我飛不起來。」烏鴉靈機一動便提議道：「不如你把羽毛全給我，那我就有美麗的羽毛，你也可以飛啊！」孔雀覺得頗有道理，就將羽毛都拔給烏鴉。

烏鴉高興地將羽毛黏在身上，走過森林，卻發現大家都在譏笑他，他心灰意冷地想飛回巢中，但因重量太重，在中途墜地而死。而那隻孔雀拔去羽毛後，因翅膀早已退化而無法飛行，又因外貌醜陋被同伴排斥，只好在外流浪，終老一生。（林瑜芳）

3.風和日麗的早晨，烏鴉獨自在樹林裡徘徊。這時，腳邊一抹光亮吸引了她的目光，低頭探去，原來是一根孔雀羽毛。那羽毛的光彩撼動著烏鴉的心靈，她迫不及待地將它插在身上，滿心希望找到更多的孔雀羽毛來裝飾自己。

回家的路上，悲傷的低泣聲陣陣傳來，烏鴉走近一看，是隻五彩斑斕的孔雀。孔雀一面哭著，一面自言自語道：「我絢爛的羽毛差點毀了一條命！人類如此狠毒，為了我們孔雀的羽毛，便想將我們趕盡殺絕，以謀求暴利！唉！我真羨慕烏鴉，羨慕他們的平凡！」（高翊萱）

4.一天清晨，烏鴉才踏出家門沒多久，就看見一隻孔雀奄奄一息地躺在樹下。當牠走近想問個所以然的時候，孔雀正巧停止了呼吸。烏鴉驚訝之餘，忽然想起了什麼。隨後，牠一股腦把孔雀的羽毛全拔起來，雀躍地走回家。

一回到家，牠興奮地把孔雀羽毛插滿自己身上，走到鏡子前，想看一看自己的模樣。天啊！感覺簡直是怪透了！不過，牠馬上又有了新的主意。牠拿出了針線等工具，把羽毛織成一件鮮豔奪目的大衣，便毫不猶豫地踏出了家門。

「叩叩！」鳳凰出來應門。看到烏鴉送給她的大衣，真是高興極了！此時鳳凰轉身回房，出來時拿了一隻美味的雞腿給烏鴉做為回禮。咦！這不是烏鴉盼了一年的美食？（郭育辰）

5.有一隻烏鴉，在地上撿到一些孔雀的羽毛。烏鴉覺得這些羽毛很美，所以把它們編成一串彩帶，掛在背上。

另一隻烏鴉也撿到一堆孔雀羽毛，她也覺得很美，於是把這些美麗的羽毛都帶回家獨自欣賞。

還有一隻烏鴉，她也看到這些美麗的孔雀羽毛。但是她想知道這些羽毛的主人在哪兒。於是她繞過樹叢，越過林嶺，又飛到溪谷的對岸。終於，她看到了孔雀，那隻真正擁有美麗的鳥。

至今，她是森林中唯一一隻看過孔雀的烏鴉。（張齡君）

6.有一天，烏鴉經過一座森林，發現一隻死掉的孔雀，孔雀身上美麗的羽毛實在讓他很心動，就拔了幾根插在自己的身上。沒想到其他孔雀都以為他是真的孔雀，跑來稱讚他美麗的羽毛，讓他覺得好高興！

過了幾天，他發現了一隻死鹿躺在森林當中，靈機一動，他就把鹿角拔下來，裝在自己的頭上。同樣的，他又受到鹿群熱情的歡迎！

這隻烏鴉實在是太喜歡跟別人作朋友了，所以不久之後，他身上又陸陸續續多出了兔子的耳朵、狐狸的鼻子……，他心想：這麼一來，又可以結交許多朋友了，好高興喔！

可是，從此以後，森林中的動物一看到他這奇怪的模樣，就全部都躲開了。（張馨予）

7.烏鴉盯著地上的孔雀羽毛，正準備叼回家向老婆獻寶，一隻麻雀冷不防從暗處衝出，啣起羽毛朝空中飛去！烏鴉哪堪受此等侮辱，立刻急翅追去，雙鳥在空中激烈纏鬥，大打出手，誓言必要將孔雀羽毛奪到手。

一陣混亂當中，羽毛翩然飄落，隨著風飄啊飄，掉回原來的地方。孔雀散步完準備回家，看見了地上的羽毛，順手撿起插回自己身上，悠閒地踱著步子離開。麻雀和烏鴉仍在天空中打鬧不休……。（張書怡）

8.某天，當烏鴉走在林中，赫然發現一隻光芒刺眼，全身充滿五彩繽紛羽毛的孔雀。

「哇，真漂亮！」牠驚嘆著說，一直以來，雍容華麗的孔雀都是烏鴉心目中最理想的自己。於是，牠拔下了一根羽毛欣喜的拿在手上玩賞，想在林中找到孔雀的同伴們。不久後，終於被牠找到了！牠簡單的說明經過和對牠們的欣賞，請求能和牠們一起生活一天，讓自己能學習更好！

——相處一天後，烏鴉發現孔雀並不如自己想像中的那麼完美，牠們會為了食物而爭吵，為了誰的羽毛漂亮而爭風吃醋……想想，這些事從不會發生在自己和朋友身上，突然，牠覺得自己也有值得驕傲的地方，牠終於挺起胸膛揮別了孔雀，回到了屬於自己的生命光彩！（邱令宜）

9.一天，兩隻烏鴉被路上斑斕的東西吸引了過去，原來是幾根孔雀的羽毛。兩隻烏鴉看了愛不釋手，實在捨不得將這麼美的東西棄在路旁，於是決定各分一半帶回巢裡。其中一隻烏鴉將羽毛好好的安置在巢裡，別人雖然看不到，但牠的確布置了一個舒舒服服的窩；另一隻烏鴉則將鮮豔的孔雀羽毛插滿了原本平凡無奇的鳥巢，得意洋洋的向眾鳥展現。

此時，一個淘氣的小孩無意間看到這個特別的鳥巢，覺得十分新奇，便爬上樹將鳥巢取下，那隻烏鴉只得眼睜睜地看著心愛的窩被拿走。（黃瑜婷）

10.有一天，烏鴉在路上撿到一根光彩奪目的孔雀羽毛——那是能號令所有孔雀子民的信物。烏鴉猶豫著，聽說孔雀王朝正為了失去這根羽毛而大動干戈。牠該占為己有還是物歸原主？

牠想了又想，自己終究不是一隻孔雀，就算能號令孔雀子民又如何呢？於是牠毅然決然地將孔雀羽毛送還。孔雀王朝的國君見了，龍心大悅，賞賜烏鴉許多金銀財寶以及用孔雀羽毛所做的令牌，讓烏鴉可以暢行無阻地悠遊王朝。

從此以後，常常可以見到一個黑色身影穿梭在七彩羽毛中……（楊智慧）

11. 一天下午，一隻烏鴉漫步在森林裡，在一棵樹下看到了一根孔雀不小心遺落的羽毛，他撿起羽毛，心中想著：如果我把這根羽毛插在我的頭上，那一定很好看，雖然我一身黑壓壓的，但這根彩色的羽毛會使我閃閃動人，那是多麼令人自傲的美麗啊！……可是，其他烏鴉同伴會說什麼呢？會不會因為羨慕而偷走它呢？……還是他們會整天拉著我，談論我的美麗呢？……還有孔雀們，不知道會不會接受我是他們的一群……這隻烏鴉越想越多，不知道該不該插上羽毛？

一陣風吹過，「哎呀！」一聲，所有幻想都隨風飄向遠方。（陳沂萱）

上述烏鴉與孔雀羽毛的故事不但十分有趣，也都耐人尋味。

第一篇的烏鴉既有審美觀，又願意分享，為自己帶來美好的結果，所謂「獨樂樂不如眾樂樂」，大家一起分享歡樂，果真勝於自己獨享時所能感受的。

第二篇刻劃兩隻愚蠢的鳥類，因不知足，下場都很悲情，可見人各有所長，羨慕他人必定徒勞無功，只有把握自己的優點並懂得善用，才能有最佳的表現。

第三篇耐人尋味，提醒我們：每個人都有其不足，當你為自己的不起眼自怨自艾時，別忘了，有人正巴不得擁有你平凡的特質！所以說，「天生我材必有用」。

第四篇講述一隻有智慧的烏鴉，將適合的物品送給適合的人。美麗的東西人人都想追求，但往往忽略自己到底適不適合。如果不適合，倒不如運用智慧，使它為自己贏得利益。

第五篇意蘊深遠，點出「別人的亮麗和優秀，我們可以模仿，可以獨自欣賞，但都比不上我們發現那個擁有美麗的人的感動。」這隻唯一看到孔雀的烏鴉境界超過同輩，是否能給予大家一些啟示呢？

第六篇告訴我們，事情做過頭使人感到虛偽與做作，反而帶來反效果，要懂得適可而止。

第七篇寫出烏鴉與麻雀的可笑，貪求不屬於自己的東西，就算得到了又如何？何況在追求的過程中，辛辛苦苦，還可能白忙一場。

第八篇旨意深刻，因為一心羨慕別人，焉知別人必定完美無缺呢？每個人都有自己的專長，要對自己有信心，多喜歡自己一點，不必一味的羨慕他人。回頭看看，就會發現自己的好！

第九篇說明炫耀招搖可能帶來災難，發人深省。

第十篇寓意雖然老套，但能鼓勵人行善，因為好人終究會有好報，尤其不被自己慾望所驅使的人，更加令人敬重！

第十一篇故事中的羽毛是打開未來的契機，我們如果連機會都抓不住，也不付諸行動，未來的一切就會像一陣風般的虛幻。

每一個都具有啟發性的故事，都能呈現出寓言這個文體的精髓。

肆、寓言創作

好的寓言必須簡潔有力，故事性強，寓意深刻。在同學們創作寓言之前，先提醒他們注意幾點：

1.好寓言的三大要素：簡潔有力，故事性強，寓意深刻。

2.要具備「開端、發展、結尾」完整的結構，但故事情節不必太複雜。

3.多屬於虛構性題材，將寓意寄託在這個故事中。若以真人為主角，要避免流於「社會新聞」式的表述，亦不宜寫成「人的現實生活版，只是把主角換成動物而已」。

4.大多採散文體書寫，篇幅也不必太長。
5.以故事情節（主角的外顯行為）為重，不必刻畫內心思維，亦不必費筆墨描述細節。
6.在選取故事的主人翁時，必須注意它們的特質與形象，才能成功地影射類型化人物。
7.要有創意。
掌握寓言的寫作要領之後，就可要求同學創作一個寓言故事，並寫出所蘊含的寓意。

【習作說明】

請以「父母應如何教育子女」為核心，衡諸時代背景與個人經驗加以思辨，提出你的觀點，依據此一看法為核心作為故事的寓意，自創寓言故事一則。

【範例】

一群動物父母聚在一起，討論孩子們的教育。
兔子爸爸說跑步重要，一定要好好訓練；鳥兒媽媽說飛翔重要，一定不能忽略；鴨子父母雙雙說游泳重要，一定要加強。

最後，他們把各種重要的技能都列入才藝課程，強迫他們的孩子學習。結果小鳥本來善於飛翔，為了學跑步，把羽毛弄傷了，他既跑不快，連飛翔都受影響；小鴨子為了學飛，從樹上跌落而骨折，不但飛不成，連專長的游泳也出了問題；小兔子吃了好多苦頭還是學不會游泳，從此拒絕任何才藝課程……

（節錄並改寫自《新型作文瞭望台》）

【旨意】：父母對子女期望過高，強迫孩子過度學習，可能造成反效果。

隨著社會結構的變化，不良風氣的薰染，有的人是「作爸爸之後才學會怎麼當爸爸的」，這至少還能讓人接受，而翻開社會新聞，許多人是即使做了父母，還是不知道怎麼扮演好父母的角色；有些父母固然關愛子女，卻教養不得法，以致造成親子衝突；甚至父母虐待子女或施暴的個案也屢見不鮮。因而，「天下無不是的父母」這一句從古流傳至今的名言恐怕要令人質疑，當今青少年怎麼看待這一點？如何才是稱職、適任的父母呢？

同學把這個敏感的話題包裹在糖衣內，再進行思辨批判，發表一己看法。呈現出來的作品，果然頗有可觀者：

吳郭魚寶寶

吳郭魚寶寶是一群天之驕子，一出生就得到吳郭魚媽媽充分的保護。每當大海裡面有危難時，吳郭魚媽媽便會在一聲吆喝之後，把所有的小吳郭魚含在嘴裡，帶著他們快速的遠離危險，躲避到安全的地方。

一天，一群小魚兒約好一同出遊，小比目魚、小鰈魚、小魴魚……大夥兒鬧哄哄的一路嬉戲，向來深沉黯淡的大海一下子五顏六色活潑了起來。鬧著鬧著，一個閃神之後已經不知自己身在何處！而凶狠的大鯊魚也不知什麼時候早潛伏在一旁，對他們露出虎視眈眈的目光。

小魚兒們死命的各自逃命，小比目魚、小鰈魚、小魴魚各自有各自的防身術，一眨眼便躲得不見蹤影，只剩下因為找不到媽媽的小吳郭魚寶寶盲目的四處亂竄，大鯊魚也同時正用尖銳的牙齒默默注視……（徐小涵）

嘟嘟與胖胖

小虎嘟嘟一直覺得父母很討厭牠。

看著和牠同年齡的小虎胖胖正在表演從小所學的才藝：唱歌、跳舞、琴棋書畫，大家拍手叫好。唉！牠多想像胖胖一樣有才華！小時候胖胖在學才藝時，牠則在學習狩獵、判別環境、找尋獵物等等。牠向爸爸要求學個可以向人炫耀的本事，爸爸總是說：

「先把狩獵練好再說吧！」爸爸屢次不准許，使嘟嘟斷定爸媽一定是討厭牠，才找這個藉口堵牠。

有一天，森林發生大火，虎群集體逃到另一個森林，因為不熟悉新環境，所以一直捕不到獵物，只有嘟嘟因為有平時的訓練，所以很快就找到食物，分給大家。看著大家感激的眼神，嘟嘟突然不再羨慕胖胖了！（何欣靜）

小老鼠學狗叫

小老鼠的媽媽從他牙牙學語時，同時教他老鼠的說話方式與狗叫的方式，小老鼠覺得很不耐煩，不明白為什麼要學狗叫。他認為自己一定做不到，也覺得沒這個必要，為此，小老鼠常常和媽媽賭氣，擺出不悅的臉色。

直到有一天，當小老鼠遇到大花貓，想起自己會狗叫的技能，便因此嚇跑了花貓，得以安全脫困。（吳學敏）

到處求毛的鵝媽媽

鵝媽媽非常以自己的鵝寶寶為傲，唯一擔心的就是一身參差不齊的羽毛，鵝媽媽急忙的到處求「毛」。跟公雞求了一根，幫鳥媽媽抓蟲又得一根，幫鴛鴦夫婦照了一張相，再換來一根……，陸陸續續換了十幾種鮮豔羽毛。

隔天鵝寶寶全身插滿各色羽毛，被同儕視為怪物，全身傷痕累累，不能游水，也跑

不動。更慘的是，連該長的毛也長不出來了……，成了一隻「廢鵝」。（徐志寧）

小蜥蜴的尾巴

在院子的角落住著蜥蜴一家子。小蜥蜴對他那漂亮的尾巴非常自戀，他瞧不起他的父母，因為他們總是拖著只剩半截的尾巴，這讓小蜥蜴覺得非常丟臉。

有一天，蜥蜴夫婦教導小蜥蜴要捨棄尾巴才能從敵人手逃走，這是蜥蜴在危險中脫困的方法，小蜥蜴十分不屑，他心想「若是沒有了尾巴，不如死了算了。」

後來，院子裡的一隻狗攫住了小蜥蜴，小蜥蜴因為捨不得尾巴，無法脫身，等到他想要放棄尾巴時，卻已太遲。（李映萱）

猴子的母語

猴子和猩猩的語言雖相近，但不相通。儘管猴子的數量較猩猩多，但因為猩猩是強勢族群，猩猩語就成了強勢語言。猴族的長老們深感依此趨勢發展，如果不會說猩猩語，猴族恐會失去國際間香蕉貿易的生存空間，所以下令猴國的小猴們一出生就全力學習猩猩語，甚至有些精通猩猩語的猴爸、猴媽直接用猩猩語教小猴說話，家裡香蕉產量多的小猴就被送去猩猩國，在那裡長大。他們偶爾聽到吱吱叫的猴語，都不知道那其實才是他們的母語呢！（張書怡）

長頸鹿日記

2000.10.6

不知道為什麼，最近大家都長得好高。我家鄰居已經長得跟他家的尤加利樹一樣高咧！回到家看電視才看到：「克寧奶粉——讓你家小孩長得像大樹一樣高！」派翠克（就是我家鄰居）他媽應該買了五十罐有吧！

2001.10.6

最近我們村裡真是吵到翻了。給你看我們的購物單：河馬家，雙簧管十支；孔雀家：豎琴五架（我媽是說他們可以用尾扇撥懸啦！但是我不大相信）；狒狒家：口琴八支；我家：小提琴一支（我媽不知道我脖子和肩膀離多遠哪！）。

訂購單最底有一排廣告詞：學音樂的小孩不會變壞。

2002.10.6

今年動物園休館一年，因為大家都不在國內。大門口貼了一張好大的廣告：「不要讓你的孩子輸在起跑點上——美加留學事務中心」。（張韶君）

寵溺，不是愛孩子的正確方式；培養正確的認知，才是為人父母應給予子女的教育，〈吳郭魚寶寶〉、〈嘟嘟與胖胖〉、〈小老鼠學狗叫〉三篇不約而同揭示這個寓意；

〈到處求毛的鵝媽媽〉描繪一個愛子卻不得法的媽媽，〈小蜥蜴的尾巴〉則相反，父母善盡其職，子女卻不受教，兩個故事都提出充滿警惕意味的要旨；當今社會崇尚國際化，許多父母過早讓孩子學習外語，〈猴子的母語〉正是諷刺這種現象；至於〈長頸鹿日記〉一篇，更是今日社會現象縮影。

直接批判太辛辣犀利，不如以說故事的方式表達，雖然間接，相對之下，就保留了省思空間，這是用寓言針砭現實的有利之處。

伍、結語

動人的小故事就像一層糖衣，把大道理包在裡面，讓我們津津有味地舔著甜甜的糖衣時，同時也把道理吸收進去了。

閱讀寓言，十分有趣；而創作寓言，更能任學生天馬行空地馳騁思緒，開啟想像力之門，展現寄寓事理的說故事本領！

上述同學的寓言作品莫不言近旨遠，對應現實人事，可謂深刻卻又不致於強烈尖銳，這就是「寓言」此一文體最主要的表達特色了！

作文課，開心玩

——圖象詩的閱讀與寫作

壹、緣起

作文教學是國文教學中不可或缺的一環，而作文評改又是作文教學的重心之一，這是國文老師無可旁貸的職責。筆者曾經想過，若偶爾讓全體學生參與批改，是否能提昇學生的參與感，並增加作文課堂上的趣味性呢？

當然，實施之前，必須考量學生的能力是否能勝任批改職責，所以，作文題目的設計就非常重要。

經過多方思考，筆者嘗試以「圖象詩」的介紹與寫作當成題材。實施的時間共計三節課，以下介紹上課流程與實施內容。

貳、圖象詩的介紹與寫作

一、介紹

筆者將蒐集來的圖象詩分成三類，以Power Point呈現出來，讓學生欣賞。分別是：

1.文字排成某種圖案，圖案形狀與內容無關

舉例一：元稹〈一字至七字詩・茶〉

茶，
香葉，嫩芽，
慕詩客，愛僧家。
碾雕白玉，羅織紅紗。
銚煎黃蕊色，碗轉曲塵花。
夜後邀陪明月，晨前命對朝霞。
洗盡古今人不倦，將至醉後豈堪誇。

舉例二：是網路上流傳的一首名為〈真奇怪〉的打油詩：

唉
無奈
真奇怪
總不明白
人長得不矮
外貌也是頂帥
但只要女生一來
舌頭就會自動爬帶
可能因為我腦筋太呆
還是天生應對能力太菜
活了三十幾年總是沒人愛
每每聯誼亂槍打鳥總是失敗
某日上網漫遊遇到一個小女孩
聊天打屁樣樣都來暢談非常愉快
她說她長髮披肩貌似桃花風華絕代
還說她昨天剛分手現在家裡沒有人在
我很酷的敲著鍵盤說我不想欠下感情債
她輕描淡寫告訴我一夜情後從此不相往來
同學們個個誇讚我深情浪漫是情場上的天才
我倒覺得我三生不幸身旁圍繞的盡是這種同儕
最後決定騎著機車壓壓馬路逛逛台北基隆那一帶
事不疑遲迅速著裝出發來到約定地點心中有點期待
看到街角有位勁裝美女婀娜多姿蓮步輕移朝我走過來
我外表裝酷其實全身暗爽心中強自鎮定看著美女說聲嗨
誰知美女看看手錶輕皺柳眉頭也不回朝著火車站加速離開
心中正感非常奇怪轉頭看到有個女生站在身旁看起來有點矮
皮膚黝黑髮泛油光臉長豆花體態臃腫估計她體重超過了有一百
見她伸出右手輕揮示意告訴我她就是網路上長髮披肩的風華絕代
二話不說我全力施展移形換影希望能儘快逃離眼前無比巨大的障礙

奈何天意使然四周的擁擠人潮無巧不巧將我跟她緊緊撞和在一塊
心中有著千般不願萬個無奈不停禱告這只是老天開玩笑的安排
不幸被她認出了我的帥讓我只得哭著承認我就是她的那條柴
她說我就像想像中那麼帥還問她是否跟她講的一樣還不賴
台北郊區的死寂夜色正如我現在心情充滿了無盡的悲哀
那隻該死的恐龍還不知死活的給我在後座不停的亂掰
滔滔不絕說她之前會被甩是因為男朋友嫌她太可愛
我偷偷決定悄悄騎到陽明山把她宰了隨便埋一埋
出乎意料她掩嘴輕笑跟我說她從來沒有在野外
我臉色發白不曉得要怎麼才能逃離這個災害
經過長久天人交戰深思熟慮決定來個賭賽
把心一緊龍頭一橫將車子往山壁上一摔
只見飛龍在天看的我心中是一陣喝彩
可車子剩個輪胎讓我非常的不愉快
她非常抱歉醫藥費讓我大大破財
但坐計程車還跟我要了五百塊
回家之後我馬上燒香加拜拜
感謝老祖宗讓我活著回來
隔天我哭啼的像個小孩
同學說我遇到大水怪
傳說很快的就散開
我變笑柄加阿呆
失敗中的失敗
現在人負債
嗚呼哀哉
車子壞
活該
衰

這首詩雖然既不文學，也不藝術，但我們還是不得不佩服作者的鬼才，不是嗎？誇張的是，每一句都押韻呢！這種類似無厘頭卻具創意的文字遊戲很對e世代學生的脾胃，學生欣賞時，引發好一陣歡笑聲！

2圖案形狀與內容有密切關係

舉例一：明．鄔景和〈包山疊翠詩——遊西山靈光寺〉：

山山
靈異
山鄰有山
擇後四神
山前山季遊山
遍訪都春是盡
山外野山山色映山
人至慕山山眼照山
樂因是歸光如鏡鏡
真尋俗世貪不身隨

這首詩排列成的形狀，就像一座聳峙的高山，圖象詩的形狀與內容關係密切。介紹這首詩時，為增加趣味，並讓學生想辦法將原詩組合出來。提供的線索：

1.首句押韻的七言律詩；2.韻腳是「神」、「春」、「身」、「人」、「鄰」；3.採S形的念法。

學生琢磨了一會，果然將正確的詩念出。原詩是：

山山靈異有山神，
四季遊山盡是春。
山色映山山照眼，
山光如鏡鏡隨身。
不貪世俗尋真樂，
因是歸山慕至人。
山外野山都訪遍，
山前山後擇山鄰。

舉例二：詹冰〈水牛圖〉

角
黑
角
擺動黑字型的臉
同心圓的波紋就繼續地擴開
等波長的橫波上
夏天的太陽樹葉在跳扭扭舞
水牛浸在水中但
不懂阿幾米得原理
角質的小括號之間
一直吹過思想的風
水牛以沉在淚中的
眼球看太空的雲
以複胃反芻寂寞
傾聽歌聲蟬聲以及無聲之聲
水牛忘卻炎熱與
時間與自己而默然等待也許
永遠不來的東西
只
等待等待再等待等待

就詩句構組成的圖案來看，右側兩個高聳的「角」字，字形與字義都符合牛角的特質；「黑」字也用得極為生動傳神，外框是牛頭輪廓，中間兩點是牛的眼睛，下面四點則是牛的鬍鬚，其後文字排列出牛的身體、四隻腳與尾巴。

至於內容，本詩即為牛的生活寫照，表達了牛的寂寞與無奈：無盡的等待。這一點其實也適用於人。因此，這首圖象詩不只形式使人讚嘆，內涵也有著值得思考的深層意義。

舉例三：林彧〈山鳥〉

守了一整個下午的
鳥，那些山
振
翼
飛
起

「振翼飛起」四個字的排列方式一方面如山的形狀，一方面也像小鳥揮動翅膀飛翔的形狀，以詩的外形表達雙關涵義，十分有創意。

3.發揮中國文字形音義特點的作品

舉例：陳黎〈戰爭交響曲〉

兵兵兵兵兵兵兵兵兵兵兵兵兵兵兵兵兵兵兵兵兵兵兵兵
兵兵兵兵兵兵兵兵兵兵兵兵兵兵兵兵兵兵兵兵兵兵兵兵
兵兵兵兵兵兵兵兵兵兵兵兵兵兵兵兵兵兵兵兵兵兵兵兵
兵兵兵兵兵兵兵兵兵兵兵兵兵兵兵兵兵兵兵兵兵兵兵兵
兵兵兵兵兵兵兵兵兵兵兵兵兵兵兵兵兵兵兵兵兵兵兵兵
兵兵兵兵兵兵兵兵兵兵兵兵兵兵兵兵兵兵兵兵兵兵兵兵
兵兵兵兵兵兵兵兵兵兵兵兵兵兵兵兵兵兵兵兵兵兵兵兵
兵兵兵兵兵兵兵兵兵兵兵兵兵兵兵兵兵兵兵兵兵兵兵兵
兵兵兵兵兵兵兵兵兵兵兵兵兵兵兵兵兵兵兵兵兵兵兵兵
兵兵兵兵兵兵兵兵兵兵兵兵兵兵兵兵兵兵兵兵兵兵兵兵
兵兵兵兵兵兵兵兵兵兵兵兵兵兵兵兵兵兵兵兵兵兵兵兵
兵兵兵兵兵兵兵兵兵兵兵兵兵兵兵兵兵兵兵兵兵兵兵兵
兵兵兵兵兵兵兵兵兵兵兵兵兵兵兵兵兵兵兵兵兵兵兵兵
兵兵兵兵兵兵兵兵兵兵兵兵兵兵兵兵兵兵兵兵兵兵兵兵
兵兵兵兵兵兵兵兵兵兵兵兵兵兵兵兵兵兵兵兵兵兵兵兵

兵兵兵兵兵兵兵兵兵兵兵兵兵兵兵兵兵兵兵兵兵兵兵兵

兵兵兵兵兵兵兵乒兵兵兵兵兵兵兵兵兵兵兵兵兵兵兵乒
兵兵兵乓兵兵乒兵兵兵乒乒兵兵乒乓兵兵乒乓兵兵乓乓
乒乒兵兵兵兵乓乓乓乓兵兵乒乒乓乓乒乓兵兵兵兵乓乓
兵乒兵乒乒乒乓乓兵兵乒乒乓乓乓乓乒乒乓乓乒兵乓乓
乒兵乓乓乒兵乓乓乒乒乓乓乒乒乓乓乒乒乓乓乒乒乓乓
乒乒乓乓乒乒乓乓乒乒乓乓乒乒乓乓乒乒乓乓乒乒乓乓
乒乒乓乓乒乒乓乓乒乒乓乓乒乒乓乓乒乒乓乓乒乒乓乓
乒乓乒乓乒乓乒乓乒乓乒乓乒乓乒乓乒乓乒乓乒乓乒乓
乒乓乒乓乒乒乓乓乒乓乒乓乒乒乓乓乒乓乒乓乒乒乓乓
乒乒乒乒乒乒乒乒乓乓乓乓乓乓乓乓乒乒　乒乒乒　乓
乓乓　乒乓乒乒　乒　乓　　乒乒　　　乒乒　　乓乓
乒乒　　乓乒　乒　乓　乒　乓　乒乒乒　　乓　乒
　乒乒　乓　乓乓　乒　　乒　乓　　乒　乓　　　乒
乒　　　　　　乓乓　　　　　　乓　　　　乒　乓
　乒　　　乓　　　　乒　　　　　乓　　　　乓

丘 丘 丘 丘 丘 丘 丘 丘 丘 丘 丘 丘 丘 丘 丘 丘
丘 丘 丘 丘 丘 丘 丘 丘 丘 丘 丘 丘 丘 丘 丘 丘
丘 丘 丘 丘 丘 丘 丘 丘 丘 丘 丘 丘 丘 丘 丘 丘
丘 丘 丘 丘 丘 丘 丘 丘 丘 丘 丘 丘 丘 丘 丘 丘　　乒
丘 丘 丘 丘 丘 丘 丘 丘 丘 丘 丘 丘 丘 丘 丘 丘
丘 丘 丘 丘 丘 丘 丘 丘 丘 丘 丘 丘 丘 丘 丘 丘
丘 丘 丘 丘 丘 丘 丘 丘 丘 丘 丘 丘 丘 丘 丘 丘
丘 丘 丘 丘 丘 丘 丘 丘 丘 丘 丘 丘 丘 丘 丘 丘
丘 丘 丘 丘 丘 丘 丘 丘 丘 丘 丘 丘 丘 丘 丘 丘
丘 丘 丘 丘 丘 丘 丘 丘 丘 丘 丘 丘 丘 丘 丘 丘
丘 丘 丘 丘 丘 丘 丘 丘 丘 丘 丘 丘 丘 丘 丘 丘
丘 丘 丘 丘 丘 丘 丘 丘 丘 丘 丘 丘 丘 丘 丘 丘
丘 丘 丘 丘 丘 丘 丘 丘 丘 丘 丘 丘 丘 丘 丘 丘
丘 丘 丘 丘 丘 丘 丘 丘 丘 丘 丘 丘 丘 丘 丘 丘
丘 丘 丘 丘 丘 丘 丘 丘 丘 丘 丘 丘 丘 丘 丘 丘
丘 丘 丘 丘 丘 丘 丘 丘 丘 丘 丘 丘 丘 丘 丘 丘
丘 丘 丘 丘 丘 丘 丘 丘 丘 丘 丘 丘 丘 丘 丘 丘
丘 丘 丘 丘 丘 丘 丘 丘 丘 丘 丘 丘 丘 丘 丘 丘
丘 丘 丘 丘 丘 丘 丘 丘 丘 丘 丘 丘 丘 丘 丘 丘　　乓
丘 丘 丘 丘 丘 丘 丘 丘 丘 丘 丘 丘 丘 丘 丘 丘
丘 丘 丘 丘 丘 丘 丘 丘 丘 丘 丘 丘 丘 丘 丘 丘
丘 丘 丘 丘 丘 丘 丘 丘 丘 丘 丘 丘 丘 丘 丘 丘

這首詩只由四個形狀相似的字組成：兵，乒，乓，丘。第一節詩由每行二十四個「兵」字排列成雄壯盛大的軍容；第二節乍看之下仍由「兵」字組成，然仔細閱讀，會發現每隔若干個「兵」夾雜著「乒」或「乓」，而「乒」、「乓」出現的頻率越來越高。若說「兵」是四肢健全的戰士，「乒」「乓」則是被砲火炸斷手腳的傷兵了，而後越來越多的空白，代表死亡；最後一節意蘊豐富，是與第一段數目一樣的三百八十四個缺臂斷腿的軍士，也可以是三百八十四個土丘，三百八十四座墳塚。

視覺之外，「乒」「乓」二字亦呼應詩題，交錯模擬戰爭的槍砲聲、士兵倒地聲。詩人未用任何文字敘述，透過視覺與聽覺效果，便高明地呈現戰爭的殘酷，中國文字形音義的特點在此發揮得淋漓盡至。

二、寫作

學生欣賞完幾首圖象詩之後，就是大展身手的時刻了。

或許是第一次創作圖象詩，他們多少會覺得焦慮，腸枯思竭卻又躍躍欲試；但我也看見不少人面露慧黠的笑容，想必有一些創意在醞釀、發酵，有一些嶄新的實驗在進行

參、學生互評

第二節課一上課，學生將自己完成的作品放在桌上，筆者事先已在稿紙上浮貼一張事先設計好的評鑑表，全班有多少人就有多少欄位，例如班上有40人則圖示如下：

	31		21		11		1
	32		22		12		2
	33		23		13		3
	34		24		14		4
	35		25		15		5
	36		26		16		6
	37		27		17		7
	38		28		18		8
	39		29		19		9
	40		30		20		10

代表每一位同學都要為每一篇作品打分數。

首先，每個人先給自己的作品打分數。為求簡便，分數由1至5分即可，依據「你好神！嘆為觀止！——5分」、「好棒！——4分」、「不錯呦！——3分」、「還可以啦！——2分」、「再加油！有很大的進步空間！——1分」的標準給分。將自己評定的分數填寫在作品的評鑑表上，然後將作品留在原來桌上，每個人帶著一隻筆依序往後到下一個位置，欣賞桌上的作品，並在評鑑表上為這份作品打分數；然後，不斷重複這個動作。

全場由老師控制時間，同學在聽到老師的訊號之後，就依序換到下一個位置，平均約莫一分鐘要看完一篇作品並評分。時間雖然匆促，但同學創作的圖象詩基本上來說是較少有咀嚼玩味的空間，只要掌握圖案的形狀、創意、趣味性幾個重點即可，所以同學大多也能勝任評分之責。最後當全班輪過一遍，每個人自然回到自己座位上，此際，會看到貼在自己作品上面的評鑑表已有全班同學所給的分數了，最後再由他自己將總分計算出來。

如此設計的重點，是讓每一位同學都能看到其他每一位同學的作品，而每一位同學作品的總分是包括自己在內的全班同學所給的！

這一節課就在同學看到有趣作品的笑聲、驚呼聲，與不斷換座位、打分數的匆忙緊湊中結束。

肆、現身說法

這一次同學的習作成績是由全班所給的分數之總和，老師收來作品之後，可以另外給一個成績，也可以完全不介入分數評鑑。筆者的作法是不另外打分數，但給評語，因為，筆者發現同學很在意老師怎麼看他的作品。

以往公開展示同學的作品，只要打字製成講義發放，即可由老師講解，與同學共同進行通盤的檢討。此次因為寫作圖象詩，電腦打字費時且不易，故直接以原貌呈現。所以這一節課，借來了實物投影機，直接將每一位同學的作品顯示在螢幕上，此際，由作者現身說法，說明自己的構想或作品內涵特色，老師可以補充介紹賞析，其他同學亦可發言或提問。

同學輪流上台說明，可以為自己的作品找不到知音而抱屈，可以感謝大家的熱烈欣賞，可以提醒別人沒有注意到的地方，也可以分享自己在創作當時的心靈悸動，而且，每一位都有機會。

同學的創作中，徐小涵所寫的〈我的夢想〉頗受好評：

夢想

想
靜靜的
諦聽幽與深
擺動自己的節奏
穿梭於水草交錯舞動
體驗深邃與冷寂
在一片湛藍
靜靜的
夢
我是魚
魚兒夢中游

她寫出了一條會思想、可愛的魚呢！

後來筆者又發現了這首網路作品〈山與影的對話〉，改寫後也頗有趣：

我是山　我也是山
層層疊疊　疊疊又層層
你是我的倒影　你才是我的幻影
綠樹是我的外衣　綠樹就像我的羅裙
白雲從我頭上飄過　白雲從我的腳下掠過
小鳥在身上跳躍　小鳥在我身上倒立
我是雄偉的山　我才是神奇的山
你是騙子　你才是騙子
你差勁　你太過分

用詩的外在形式圖繪出山巒和倒影的形狀，若以男女聲分別朗讀山與影的對話內容，由各自表述到後面的對罵，有民歌的遒勁爽利。

伍、結語

想來，這一次作文課最特別的，就是全體同學的參與，寫作、評分與上台報告，每人都有份，那種熱烈的氣氛與互動的趣味，是過去課堂上少有的。

學生作品的評鑑，雖是老師無可取代的職責，但學生的眼光與看法其實也值得參考與尊重！何妨讓學生來評斷同儕新詩作品的高下！何況，品讀新詩，直觀的感受與領略往往很重要，就讓他們以第一印象來評價同學的作品吧！

作文課，讓同學開心玩，應該不是小學生的專利，何妨讓高中生在長時間端坐座位上聽課之餘，動動腦也活動活動身體呢！

描繪臺灣的容顏

——年輕一代的本土觀

「過去，我全然不知你的身世：荷蘭東印度公司的一頭好乳牛；封建王師暫寄軍旅的海陬；滿洲帝國戰敗求和的祭品；大和皇軍南進的根據地；……」

——李筱峰〈最後的戀人〉

臺灣，我們生於斯、長於斯，必然對它有一番深切的感受。深感幸福的人可以稱它為「蓬萊仙島」；愛之深，責之切的人，說它像「賭場」、「垃圾堆」；外人直斥「貪婪之島」，雖令人不滿，然亦值得我們反省。二次世界大戰時，美軍以「一艘不沈的航空母艦」為喻，著眼於臺灣抵禦外敵的堅毅韌性；或說臺灣像「一隻自由鳥」，肯定我們追求自由民主的可貴……。可見不同的觀點，必然引起不同的感受。

* * *

北市松山高中陳正榮老師曾設計一個引導寫作的題目，主題是「臺灣像什麼」，習作目標是譬喻的練習；從內容來看，這也是本土意識與作文訓練的融合。

同學若要對生活十數年的這塊土地加以著墨描寫，可以切入的著墨觀點相當多元，諸如地形、政治、經濟、氣候，乃至風俗民情、社會現象等。

筆者以此題目讓學生習作，之後，製作一張講義，與同學進行共同討論。內容分為以下幾部分：

壹、關於「譬喻」

徐志摩在〈翡冷翠山居閒話〉一文中說：「自然是一部最偉大的書。……只要你認識了這一部書，你在這世界上寂寞時便不寂寞，窮困時便不窮困，苦惱時有安慰，挫折時有鼓勵，軟弱時有督責，迷失時有南鍼。」譬喻法使文意傳達更精準、文字敘述更增情致。同樣的喻體，每個人聯想力有別，會造成選取喻依的差異，因而使譬喻多采多姿。寫作之時，我們如何馳騁想像的翅膀，帶著靈魂去追尋充滿創意的喻依呢？

一、從文字的形、音、義出發

形——吳文英〈唐多令〉：「何處合成愁？離人心上秋。」

音——簡媜〈月逃〉：「向月偷一條銀繩，我悄悄墜落於深山……卻被夜舞的精靈逮捕了，他們終於找出月光減少的原因，罰我變成一株草木。……他們開一場小小的辯論會，該喚我為月桃或月逃。」

義——張曉風〈常常，我想起那座山〉：「哦，大概是因為這裡也是山，那裡也是山，山和山都拉起手來了，所以就叫拉拉山。」

（案：此處不禁讓人聯想到「臺灣」名稱由來的其中一種說法是河洛音的「埋冤」。）

二、移情的想像（以物擬物、以物擬人、以人擬物、以人擬人）

以物擬物——賀知章〈詠柳〉：「碧玉妝成一樹高，萬條垂下綠絲絛。不知細葉誰裁出，二月春風似剪刀。」

以物擬人——俄．高爾基：「書籍是青年人不可分離的生命伴侶和導師。」

以人擬物——鄭愁予〈錯誤〉：「那等在季節裡的容顏如蓮花的開落」

以人擬人——法．巴斯德：「科學家一離開了實驗室，就變成戰場上繳了械的戰士。」

（案：以上參考《中學生作文法》與《階梯作文2》二書）

貳、臺灣的「喻依」總覽

綜合兩班同學的作品，他們用非常多樣的事物來描摹臺灣的形貌：

1.人物：人、母親、暴發戶、孤兒、妙齡女子

2.植物：熱帶雨林（森林）、浮木、葉子（碎葉）、小白花、酢漿草、榕樹

3.動物：豬、小雞蛋、海豚、鸚鵡、千里馬、雛鳥（自由鳥、海鳥）、小狗、蝴蝶

4.無生物：畫布（染布）、垃圾、汽球、影印機、船（沉船、救生艇、破船）、海綿、戰場、寶盒（音樂盒）、玉、一顆螺絲、印鈔機、腳印、搖籃

5.天氣：午後的雷陣雨、雨水

6.自然環境：河、水溝、蜂窩

7.人文環境：我的家、客棧（旅社）、商店、公車、城堡、諾亞方舟、秘密花園（國家公園）、工廠、菜市場、大融爐、實驗室（自然教室）、錢鄉

8.事件：初戀、夢境

誠然豐富多變，但並非每一個喻依都很恰切，有些同學以譬喻突顯某些人的行為表徵，但代表性不夠；有同學能充分展現才思，爆發出花火一般精彩的譬喻，可惜無法以

適當的文字描繪說明。寫作時，靈光一現的創意固然值得激賞，能以此展現臺灣具代表性的特質更為重要，如此才符合本題的命意。

參、其他注意事項

一、文長有限制，篇幅短小，不宜使用太多譬喻，文意集中於一個焦點才能顯得深入，之後再將臺灣的特徵、個人情感融入。

二、注意審題，「臺灣像什麼」和「臺灣人像什麼」不同。在敘述說明的時候，要注意同時結合喻依與所切入的臺灣形貌，不能只適用於其中之一。

肆、佳作觀摩欣賞

以下附列同學佳作，以利相互交流觀摩。

臺灣像一片葉子

臺灣像一片葉子，一片翠綠豐美的葉子。

貫穿全葉的枝梗是中央山脈，東西分流的河川是它的葉脈。太平洋的海水滋養它，迴歸線的暖陽溫暖它。曾經，它綠得晶瑩剔透、鮮嫩欲滴，有著狂風暴雨無法摧殘的強韌。

如今卻似乎要褪色乾枯，飄零在萬紫千紅的春天，蜷曲皺縮的低泣。（孫瑀）

【文字優美，焦點集中。從外形切入，能把握臺灣的特色，亦能展現臺灣的風貌。】

臺灣像戰場

「空襲警報！空襲警報！」一名戰地特派記者站在立法院前，對著鏡頭向全國人民發出警報。從立法院發射出的口水飛彈，瞄準行政院，火力全開地砲轟。眼見行政院快招架不住了，他們的將軍馬上站出來：「我們已經準備了一連串的配套措施……」

「走出行政院，讓鏡頭轉向正在週年慶打折的新光三越，人山人海，大家瘋狂搶購物超所值的商品……。」

以上是〇〇新聞台戰地特派記著為您做的最新報導。（陳思潔）

【透過這兩個具體而微的面向，讓我們看到當今臺灣社會的真實現象。作者出以嘲諷的筆法，頗具創意。】

臺灣像蕃薯

臺灣的外形十分小巧可愛，中間的肚子大大的，頭尾是尖尖的，和本地盛產的蕃薯相比，實在相當類似。

蕃薯和臺灣的關係密不可分，除了外形雷同，蕃薯能在惡劣的環境下堅持生長、在貧瘠的土壤中茁壯的精神，更是象徵臺灣人民強韌生命力的指標。

從清代以來，來到臺灣的祖先，不也曾將蕃薯當作賴以維生的主食？到今天，香噴噴的烤蕃薯還是我們全家人都喜愛的點心呢！

所以，蕃薯，是臺灣的最佳代名詞！（謝瑜珊）

【臺灣像蕃薯之說，由來已久。本文從形狀、從精神、從食物不同的角度刻劃出臺灣的容顏，值得肯定。】

臺灣是夢的舞台

臺灣是夢的舞台。

多少年前，我們的祖先踏上這塊土地，播撒著夢的種子，細心呵護，等待著夢的嫩芽，長滿這裡的每一寸土地。

如今，我們果真在這塊土地上演出名之為「夢」的戲碼，因為當初沒有人料到這小島能迅速崛起，創造出令世界驚訝的經濟奇蹟。

臺灣，對臺灣人來說，是夢想實現的舞台。（康玉蓉）

【本文以文學的筆法肯定臺灣的成就，比起政令宣導式的文字更具感染力。】

臺灣像茶葉

閒坐喝茶，手中捧著一杯臺灣特產——烏龍茶。看著杯中的茶葉，我想到臺灣。

滾燙的開水緩緩沁入壺中，彷彿觸動了一個神奇按鍵，讓原本烏黑蜷曲的茶葉有了變化。它慢慢地伸展四肢，緩緩地從杯中升起，吸收了飽和的水分，挺直身軀，悄悄地釋放它的能量。過一會，傾注茶水到白磁茶杯中。頓時，杯中一陣風起雲湧，金黃茶汁氤氳出幾縷白煙。倏地，室內溢滿茶香。初入口，苦澀中帶有溫潤；嚥下後，滿口的甘醇令人回味不已。

臺灣像茶葉。以不起眼的姿態讓大家驚奇，驚奇他的崛起、成長、茁壯。（李昕頤）

【以既代表傳統又是當地特產的茗茶為喻，切入點不俗。對於品茗的描述細緻動人，饒富情味；文末點題，充滿想像空間。】

臺灣像青蓮

青蓮，梵文優缽羅，意謂「佛的眼眸」。她的出生必歷經苦難，是一股由試煉中萃出的芬芳——一如這座島，臺灣，是由太平洋海板塊與菲律賓板塊下的翻騰熔烈所熬出的青綠。

曾經，她是眼，叫洋人看見了東方仙島；曾經，她教先民看見了新生的夢想；曾經，她教全世界刮目相看的是經濟奇蹟與民主殿堂。

她也是佛，給予每個人夢想，即使被刨盡一身血肉，也仍如往昔的聳立。但，看到了四周的海嗎？那才是她真正的感受！浸在淚中的眼眸。（楊雅雯）

【植根於知識的土壤，綻開了如此特別的一朵想像力之花。對於臺灣來說，這恐怕是空前絕後的譬喻了。】

臺灣像個調色盤

淡藍的天空醞上幾點白；陽明山、阿里山、玉山是一片片草綠、青綠、墨綠的揉合；潺湲的溪流、涓涓的小河，是清淡與濃郁顏料的膠著；環繞在這塊土地之外的海洋，則是一碧萬頃。原住民的各類慶典印下繽紛的色塊，舞動的絢麗服裝是掠眼的七色彩虹。

誰？雙手緊握著畫筆，雙眼緊閉，大筆一揮……藍色、綠色、彩虹色，混合成一片無法辨識的雜色，吞噬我的藍——我的天、我的綠——我的山、我的調色盤——我的臺灣。（徐小涵）

【以豐富的色彩描繪臺灣的自然與人文之美，只可惜美好的環境被破壞，一如純淨美好的色塊被污染。】

臺灣像個老婦人

她弓著背，隨著急促的呼吸，不時冒出一陣劇烈的咳嗽、喘息。宣告退休的器官，是早已無法蓬勃生產的工廠；枯黃的頭髮在折騰中斷裂，那是過去在陽光下閃耀的小河，今日已濁黑污臭。

其實，她也曾十分動人，在來自全世界眼光艷羨她美麗的時代；她也曾經活潑有朝氣，在那子孫簇擁她、熱愛她的年代。

而今，她老了，所有的病痛都隱隱發作。冷風中，冷冰冰的氣息逼上臉，冷的不知是酸雨，還是帶有二氧化硫的淚水。（陳沂萱）

【本文描繪出環境被破壞殆盡的臺灣，的確令人怵目驚心，在疼惜與不忍之餘，生長於斯的我們能為她做些什麼呢？】

臺灣像一個叉路口

臺灣人民站在多條路徑相匯而成的交叉路口中央，左看看、又看看，表情充滿茫然而不確定。

往東標示著「海峽兩岸關係」，西向寫著「國際地位和發展」；往北路一瞧，「政府、政黨和政治」，這條路看起來有些陰暗；而南路則懸掛了「精神凝聚和人民情操」的路標，路口卻又豎立「禁止通行」的告示牌；西南方位，那一塊標誌模糊不清；東北，路牌已經掉了，只剩下鐵桿孤零零立著……

這個叉路口沒有紅綠燈，沒有行人穿越道，車來車往，只見到一片煙塵瀰散的亂

象。（廖佩暄）

【本文極具代表性地反映出在泛政治化的年代，年輕一代直接而又強烈的感受。】

＊　＊　＊

王家祥〈大鯨的肚腹〉寫道：「每當我來到西南海岸，總是聽見那隻大鯨的肚腹吸納吐放之聲；基隆、宜蘭多雨，是鯨呼氣噴水的位置；臺北是鯨思考的大腦；新竹多風，是鼓浪的胸鰭；嘉南平原是肥滿的肚腹；恆春是巨大的尾鰭，拍起強勁的落山風。」以鯨喻臺灣，喻依正與首屆總統大選中某政黨的競選標誌相同，關於這個譬喻，曹銘宗說得好：「提出『海洋臺灣』觀念的人，以鯨魚比喻臺灣，期許本是海島的臺灣應該從大陸思維走向海洋思維，展現進取、包容的特色。」

在課堂上，我們描繪臺灣的容顏，希冀這一代的學子在思索與行文之後，能全面關照臺灣眾生相，且更關愛臺灣。

堅持自清抑或從眾隨俗

──〈滄浪〉與〈狂泉〉的抉擇

作文，顯現出來的，不只是一己的文字表達能力，也是思維深度與行事態度的取捨。理想的作文題目，事實上同時提供了學生疏理思緒、釐清自我價值觀的機會。

在講授屈原的〈漁父〉之後，王淑蘭老師提供一則短文。這則節錄自《宋書．袁粲傳》的文字看來荒謬奇想，而92.5.12的《聯合報》就刊登一則消息「家人皆妄想，正常獨子被送醫」，報導一名少年沒有精神病，卻數度被家人送到醫院精神科要求強制治療，原因是父母親及兩個姊姊都罹患妄想症，全家五口中唯一正常的他，成了家人幻想下的公敵。文學常有「預言」及「先知」功能，古書內容與現代新聞的相似性令人驚異，更令人感嘆。

筆者結合兩段文字，設計幾道問答與作文題目如下：

屈原既放，游於江潭，行吟澤畔，顏色憔悴，形容枯槁。漁父見而問之曰：「子非三閭大夫與？何故至於斯？」屈原曰：「舉世皆濁我獨清，眾人皆醉我獨醒，是以見放。」漁父曰：「聖人不凝滯於物，而能與世推移。世人皆濁，何不淈其泥而揚其波？眾人皆醉，何不餔其糟而歠其釃？何故深思高舉，自令放為？」屈原曰：「吾聞之，新沐者必彈冠，新浴者必振衣。安能以身之察察，受物之汶汶者乎？寧赴湘流，葬於江魚之腹中，安能以皓皓之白，而蒙世俗之塵埃乎！」漁父莞爾而笑，鼓枻而去，乃歌曰：「滄浪之水清兮，可以濯吾纓；滄浪之水濁兮，可以濯吾足。」遂去，不復與言。（屈原〈漁父〉）

昔有一國，國中一水，號曰「狂泉」。國人飲此水，無不狂。唯國君穿井而汲，獨得無恙。國人既並狂，反謂國主之不狂為狂。於是聚謀，共執國主，療其狂疾，火艾、針、藥，莫不畢具。國主不任其苦，於是到泉所酌水飲之。飲畢便狂。君臣大小，其狂若一，眾乃歡然。（節錄自《宋書．袁粲傳》）

【習作說明】

一、寫出「狂泉」故事的寓意。

二、如果你是「狂泉」文中的國君，將如何自處？有否其他解決妙招？

三、你是否有類似「不想做，卻不得不去做」或是「不能堅持，終致失敗」的經驗？請針對「談媚俗」或「做自己」提出你的看法。

四、屈原因「眾醉獨醒」不見容於世，又不願同流合污，最後投江自盡；而本文中的國主則「從眾俱狂」，結果皆大歡喜。迥然不同的結局必能引發你的思考空間，試想：有沒有這兩個極端之外的第三條、第四條路……呢？請將本文與屈原〈漁父〉加以比較，以「滄浪與狂泉」為題作文一篇，寫出你對他們的看法與自己的人生態度。

在現實與理想難以兼顧、價值觀極其多元而又極其混亂的現代，這一代年輕學子的選擇與堅持會是什麼呢？

*　　*　　*

「狂泉」故事雖短，文意亦淺，主旨卻頗為深刻。關於這個故事的寓意，同學多能準確掌握，且以精要簡練的文字呈現——

有人明快點出我們也經常遭遇的兩難局面：

眾人皆醉我獨醒，醒著無濟於事，反而苦在其中；與之同醉可以忘卻煩憂，卻不是自己所願的。（徐菀吟）

有人感嘆個人力量的薄弱與有限：

能「眾人皆濁」而保持「我獨清」的情況太難了，因為群眾的壓力會如洪流般滔滔衝擊堅持自清的人……（謝瑜珊）

人很難在時勢的洪流中昂首挺立、孤單的堅持自我，也很難忍受被視為異類的寂寞。（陳思潔）

有人早已預知群眾壓力下無奈的結果：

隨波逐流、無法堅持自我的人，最後一定會失去方向。（陳彥蓉）

人往往受限於外在的大環境，並受風氣影響，使原我不得不跟著改變，以適應新環境。（許恆慈）

當是非黑白一切都顛倒時，人很難成為污泥中的清流。（張書怡）

一個再擇善固執、堅持理念的人，若不敵外在環境的種種壓迫和百般侵擾，最後還是會如崩毀的堤防，隨著江水洪流載沉載浮。（陳威風）

身處於一個價值觀念或品德認定方式與自己悖離的社會時，很難堅持己見而不被世

俗同化。（郭欣羽）

而有人揭示隨俗的不得不然：

在諷刺一個道德淪喪或是扭曲了的社會，已經沒有所謂的真理和正義，善惡的標準是由大部分人的行為來做依據。（石宜真）

又或者自我警覺、自我針砭：

一個人若是沒有十分堅定的意志守住自己的原則，那麼最後終將受環境等外在因素影響，因而改變自己原有的樣貌與堅持。（羅怡蘋）

由〈狂泉〉一文，我們看到國君最後不敵眾人力量，飲用狂泉之水而發狂。設想，如果身為那位國君，你會怎麼做呢？能否找出其他的解決辦法呢？

有人堅持自我：

與眾不同，遭受折磨固然痛苦，但如果我是國君，絕不會選擇飲狂泉這條路，因為如果純粹為了迎合別人而無法分辨是非，甚至連最基本的自己都喪失了，這是無關乎別人的真正悲哀。（羅怡蘋）

有人雖然順應潮流，但也期望自己的作為能對後人有些許貢獻：

我如果是國君，很明顯地，我會去喝那水，就算我為了保持自身的清醒或脫離痛苦深淵而去自殺，人們反而會說：「國君真的瘋了，真可憐！」再者，乾脆隱退，也還是會落得別人說閒話，自己孤獨而終，並沒有喚起或改變些什麼。但我喝泉水之前，我會先寫下一篇文章，記錄這段歷史，也讓後人知道事情的真相。（石宜真）

有人同流而不合污：

選擇清醒，接受國人的行為，但自己保持正常的判斷，不會和民眾一起做出瘋狂的事。（陳章玲）

有人積極尋求解決方法，但願濁亂的世俗中，仍存有那一泓使人理性清明的「思水」：

有「狂泉」，想必就有「思水」，我會努力找到「思水」讓國人恢復理智。而且，我想民眾之中一定有人佯狂，看了大家瘋狂，所以也假裝失去理性，所以我要讓大眾漸漸恢復思考能力，從少數人能想，到全國人都能思。（劉沛欣）

在當下的時空背景裡，面臨的情境固然不同，但文中國君痛苦決定的心態，我們卻是一點也不陌生。日常生活中，同學在哪些狀況下也必須作出「媚俗」或「堅持自我」的決定呢？而他們最後的選擇又是什麼？

愈長大就愈覺得這個社會的運作不像課本中學的那麼簡單、正派，書中的世界近乎成為一種遙遠的理想。

有時，一個人的堅持是不會發揮效果的。像我就非常非常堅持不買盜版的CD，寧願不聽也不買盜版的。但我有許多朋友卻還是會買或去燒。在這環境中，我卻只能睜一眼閉一眼。也許是我沒有勇氣去阻止他們吧！因為他們是我的朋友，我無法斷然去糾正。唉！朋友。我想哪天當我有勇氣有決心去阻止他們時，我就又往前邁進一步了吧！

媚俗，何謂媚俗呢？我覺得人與人之間相處多少都會經過一番修飾。像一個禮物，隔著一層包裝紙，讓人充滿好奇，猜不透內涵。我想，這不算媚俗吧！若沒有這層包裝，每個人赤裸裸的表現自己，就缺乏任何美感了，太「真」，「真」到令人停止呼吸，失去想像力，也不是件好事。

當然過多的緞帶、裝飾就成垃圾了。過於迎合、討好別人，而沒有自己的思考、想法，久了也會讓人厭煩。在認同別人時，也別忘了自我思考，表達出自己的意見。

（張蕙欣）

我覺得人從娘胎出來後就已經不是完全的自己，當有人問你：「你是誰？」你回他你的名字，但他還是不能了解你到底是誰，你必須說：「我是微軟的總經理或我是中山的學生」，他才可以當下對你有所認識。

活在這社會上，不可能愛做什麼就做什麼，因為有一股無形卻強大的力量限制著你，你必須努力遵守，如此才可以得到一個屬於你的定位點。

還記得國中時，因為就讀美術班，受到眾畫家前輩的感染，內心深處總想試試三天不洗澡、一個禮拜不洗頭、調色盤二個月不洗和一年半載都不整理房間的那種浪漫和豪爽，為了一片花瓣飄落而傷悲、為了樹幹精密的紋理而廢寢忘食。但很難很難……因為美術班其實也是出了名的升學班，在各個老師和家長的學業成績攻勢下，個人的浪漫情懷就變得好微小、好愚笨、好難實現……（石宜真）

高一時，國文作業是寫《語文階梯》，裡面有很多題目是造句或寫故事、文章。班上有些跟我感情不錯的同學，常常向我借去參考。

有一天，國文老師把我叫到辦公室，問我為什麼文章跟別人幾乎如出一轍，我答不出來，雖然很想告訴老師是別人抄我的，可是又說不出口，只能回答：「不知道，我都是自己寫的。」

從那次之後，我就對借作業給人很反感，卻又擔心不借作業，會影響同學間的友誼。

團體是我們製造的牢籠，我們是裡面的囚犯，同時，也是獄卒。我們是牢中囚犯，手銬腳鐐限制著行動，囚犯制服企圖減少差異，我們將手伸出牢籠，卻一再被獄卒用鞭子打了回來；我們是獄卒，手上持著鞭子，牢獄的鐵柵欄是最後的界線，只要是超過的手，就鞭打吧！儘管打吧！縱是那隻手是你自己的。

在團體中，我是我，卻要記住我不是我。做自己的那雙手永遠只能伸出去，再縮回來，一切依照牢籠和鞭子的指示擺動。（康玉蓉）

買不買便宜的盜版CD或者乾脆直接燒錄？能不能放縱自己浪漫的情懷？作業借不借給同學抄？生活中屢屢面對天人交戰的衝突與矛盾，如何抉擇？要堅持自己或是隨波逐流？完美的答案是什麼？只有靠著自己去尋找與認定。

＊　＊　＊

屈原與國主，代表了兩種迥然不同的人生觀，把思考的焦點集中在行吟澤畔的屈原與酌飲狂泉的國主兩人的作為，同學的評價如何？

對十多歲的新世代學子來說，肯定屈原太沉重，狂泉國主的選擇也能得到認同，總之，一切操縱在自己手上。一如康玉蓉的想法：

抬頭望向天空，稀疏的熒光點綴著濃稠的黑墨。台北的夏夜，銀河微現，閃耀著幾顆星子，明了，暗了，隱沒。

屈原眾醉獨醒，國主從眾俱狂，到底誰是對的呢？是捨身成就聲名，還是保住性命生活？屈原不肯同小人一般闇然媚世，讓自己像是急流中的木樁，被湍急的水不停拍打，拍打到木樁連根拔起，隨波逐流。只是，屈原這根木樁沒有被拔起，他是整根被水流撞碎了。國主雖然明知不可飲狂泉，但在眾人壓迫下，他只好承認自己才是異類，飲下狂泉，和眾人同樂，使自己同水中浮游生物一般。不是水，卻無法反抗水，只好和水交融，順著水流一起游走。

從旁觀者的角度來看，似乎認為眾醉獨醒的屈原是品德高尚，是對的；從當局者的角度來看，從眾俱狂的國主能夠放下身段，放下己見，放下自我，成為眾人的一員，大家同樂，這樣有什麼錯呢？世界上沒有一定的對錯，只要是自己選擇的，就是對的。屈原擇取了聲名，放棄了生命；而國主選擇了快樂的生活，既然獲得自己想要的目標，就不會是錯的了。

天上的墨依然濃得化不開，幾點星子點綴，滄浪與狂泉在我的天空中，明滅交互著。（康玉蓉）

林瑜芳的〈滄浪之鏡〉希冀回到歷史現場，了解屈原真正的想法：

從小到大，屈原這個人名總是以偉人的姿態出現在故事書中，凜然而不可侵犯。「屈原是個非常了不起的人喔！他因為不想跟別人一樣壞，就跳江自殺了！」國小老師如是說。「屈原這種寧死也不願同流合污的情操值得我們敬佩。」國中老師如是說。「舉世皆濁我獨清，眾人皆醉我獨醒。吾寧赴湘流，葬於江魚之腹。」屈原如是說。眾人紛紛云云，我突然覺得頭有些痛……「屈原，他是個偉人。」我如是想。

半夜兩點。我停筆抬頭望向書桌前的人影：「喂！偉人！你……真的是偉人嗎？」他空洞的雙眼對上我困惑的眼瞳，無言。汨羅江水滑過他枯槁泛青的皮膚，在淡青色瓷磚地板上凝成一灘水鏡，映照著他哀傷顫抖的身影，我別過頭去，不忍見他盈滿悲痛的眼眸。「也許……你只是個逃避問題的退縮者，也許……你只是沒有勇氣接受自己失敗的事實，也許……」我喃喃自語，無視於他已然閉上的雙眼。

從小到大信仰的真理與從不曾消失過的懷疑在我腦中爭辯，我的頭有點痛，無力感升起，決定任憑思緒自由行走、跳躍、飛翔……。

「你覺得我是個懦夫嗎？」

我猛然抬頭，他的表情依舊，我不確定剛剛聽到的是不是幻覺。「是啊！我覺得你根本就是個膽小鬼。」豁出去了！「有時候我真的不懂，新聞每天都有人哭天喊地的說要自殺，人們總說他們不愛惜生命，沒有勇氣面對生命中的挑戰。但，你不也是浩瀚宇宙中眾多自願殞落的其中一顆星子？同樣都是看不慣這滾滾紅塵，為何獨你一人是偉人？」他依然無言，我有些憤慨，丟下筆往窗外望去，想在夜幕中找到屬於他的那顆星。

他拾起我掉落在地上的一份詩稿，用他那泡皺的食指滑過一行詩句：「我是所有人類裡最正常的瘋子。」他瞪著雙眼似欲將每個字烙印在心版上。

「你知道嗎？我根本就懷疑世界上沒有所謂真理，也沒有絕對的對錯。偉人的定義為何？瘋子的定義又為何？」我絮絮叨叨繼續發牢騷：「我才不管什麼偉人跟瘋子，一切的一切都已不再取決於內心了！定義追隨著環境，難道我們就非得追隨著定義？正常的瘋子，和瘋狂的常人，對我來說，都一樣可悲……。」

他定定望著我，我知道他知道我想表達什麼，我卻不懂他，也不懂自己。

「那我呢？我是什麼？我又想做什麼？」他避開我詢問的眼神，抬頭看著冷冰冰的天花板，無語問蒼天。地上的水灘愈來愈大，滴滴答答的水聲宛如秒針的腳步聲，帶我穿越歷史的洪流。

「當時的你在想什麼呢？」

「孩子！總有一天，你會明瞭的。」

我倏地被扔回現實，房間裡迴盪著不知來自何方的渺渺回音與一股濃郁香草味，我的頭有點痛。遠方傳來陣陣歌聲，我看見群魔亂舞，帶頭的人頭戴皇冠，手持權杖。有一位頭戴斗笠的老翁從人群中走過。「孩子！你終究是這環境的一份子啊！」我搖搖頭，嘆了一口氣，對著那灘汨羅江水輕道：「我的心，將隨你沉入汨羅江底。」

拋開道德，收起良心，我站起身來仰天長嘯，踩著凌亂的步伐，隨著群眾狂舞而去，而那灘汨羅江水隨著我的遠去，緩緩蒸發殆盡……。（林瑜芳）

而陳咸夙賦予屈原至高的評價：

當國主淪為狂人的當下一刻，便不再反悔，也無未能堅持的憾恨，他儼然已是大眾普遍意志的複製品之一，原本的他，已被終結。

然而屈原，自始至終從未與他認為世人皆醉我獨醒的世界妥協，雖然他和國主一樣放棄堅持，但以死明志。看似他個人的痛苦不再，卻留給世人正義終究不能平反的哀痛；他的肉身已被汨羅江的滾滾濁泥覆蓋，然潔身自愛的靈魂永隨時代洪流為後人所緬懷歌頌。（陳咸夙）

施佩宜也認同這個看法，認為堅持自我的必要性：

蔣勳有篇文章探討石頭之美，我對其中的一句話有非常深刻的印象，大概的意思是「堅持了，就成了一塊寶玉；不能堅持，讓大自然的力量塑造，化為一顆石頭，倒也快活消遙過一生。」人生也應是如此的吧！能名留青史的人並不多，他們都有一個共通點——堅持，不管他們的堅持是什麼，也不管他們的堅持是否違背當時的禮教規範。相對的，世世代代平凡的過客往往隨波逐流，與世推移，於是沒有太多矛盾掙扎，就這麼終其一生。

投江自盡和飲泉成狂都是在極度無助和無奈之下的選擇，但一個成為輝映中國歷史的寶玉，一個成了躺在不知名國度中的石頭。也許很多人對於屈原投江結束自己的生命感到不以為然，但是如果我們能以屈原所處的時代、環境來做一番思考的話，也許可以理解他自盡的原因：一個有精神潔癖的狷者活在一個不屬於他的時代，那麼，自殺似乎是唯一的出口。而飲狂泉的國主在發瘋之後，還是原來的國主嗎？他的靈魂再也不屬於他自己了。

在現代工商業高度發展的社會中，媚俗的趨勢似乎無法避免，但我們還能在自己能決定的小範圍中堅持自己的想法，如此才不枉我們短短幾十載的生命。（施佩宜）

孫瑀感佩屈原所代表的知識分子的風骨：

屈原一生寂寞。無論是憤世疾俗的〈離騷〉，還是憂鬱徬徨的〈天問〉，他力挽狂瀾，義無反顧，最後卻不得不自我了結命運，他似乎從頭到尾都是孤軍奮戰的。畢竟「人間正道是滄桑」，就因為只有屈原堅持走上這條路，後世對他推崇備至。知其不可為而為之，難能可貴。

反觀狂泉之君，一開始他知道狂泉不可飲，沒有同流合污，但最後仍「不任其苦」，屈服於眾人，結局雖然皆大歡喜，然而人若賺得全世界，賠上自己的靈魂，又有什麼意義呢？

屈原與狂君遭遇的環境的確考驗人心。在天色最漆黑的時候，人才看得到星辰。屈原萬古流芳，狂君會被遺忘，因為世上的屈原何其少，但人人能輕易成為狂君。身在現代，我們何嘗沒有該不該隨波逐流的疑問？很多時候面對比人強的形勢，抉擇便愈發困難。消極避世不是辦法，人只有在走自己的路時，才會快樂。

生活裡免不了遇上一些道德瑕疵，但是當正義被綁著示眾，真理被矇上眼睛，是不可以漠視的。常因為太苦了，人們就放棄維護真理，堅持信念。尼采認為「生命是極難承受的」，「生命是非常吃力的重荷」，「生命只是痛苦而已」，然而並不因為痛苦我們就放棄生命，我們應該去超越它。生命就是那個必須不斷超越自己的東西，經由痛苦我們體會了生命。我相信屈原死的價值已經超越了他原本的理想。

「古來聖賢皆寂寞」，不過當我們讀到「風簷展書讀，古道照顏色」這樣的文句，不也有著穿越時空的感應，對知識份子的風骨有所感動？（孫瑀）

賴羿伶肯定屈原留下典範，鼓舞後人勇於挑戰不公不義：

滄浪與狂泉就如同理想與現實，關鍵在於一念之差。一個堅持自己的原則，不願陷入世俗泥淖，另一個則是鬆開了意志的繩索，與世沉淪。

不願放棄理想，內心痛苦萬分的屈原，最後選擇離開這個社會，他的消失對當時的社會來說或許沒有什麼，但是至今，屈原就像是正義、理想的化身，他那奉獻堅持的精神，為後世留下完人的典範，感召許多人的靈魂，鼓舞不知多少為真理奮戰的鬥士懷著相同的熱誠，勇敢挑戰現實世界的不公不義。

飲泉而狂的國君原本不想和國人一樣，但心中的閘門終究敵不過現實施予的壓力而被摧毀，心中的清流流入世俗污泥池塘裡，結局雖然皆大歡喜，對整個社會來說，卻也是淪陷的開始。我相信群眾瘋狂的國家，很快就會被其他國家所併吞。

在這個充滿誘惑的世代裡，有許多人沉淪其中而迷失自我，逢迎阿諛以得到所想要的，和無知的人群一起隨波逐流，淹沒在大時代中。這些失去原則、尊嚴的人背後也有幾千個不願意或苦衷，但與堅定不移的人相比，他們只能獲得虛假的掌聲！和現實抗爭的過程雖然艱辛，但堅持真理、堅持公義和堅持自己原則的人，才算真正活出生命的價值以及專屬於人的驕傲！（賴羿伶）

至於許恆慈的思考則是「屈原與國主各有各的是非」，從中提煉出自己的定見「找出另一種方式來實踐自己的理想甚至影響別人」，既合乎中庸之道，同時也是積極可行的：

要在群體與自我間做出取捨，本來就是充滿矛盾且困難的。每個人心中的標準都不一樣，我的清高或許是你的不屑，而你的尊崇又或為我的不齒，尤其是在所謂傳統的束縛下，似乎更讓兩者對立了。

無論是屈原一生堅持的「眾醉獨醒」，抑或狂泉國主的「從眾俱狂」，都同時具備了正反的意義。屈原因秉持自己的理想不見容於世，又不願同流合污，而後投江自盡，說來悲壯，但也可說是逃避。屈原不願同流的「污」和不被見容的「世」都是高高在上的權貴，他的自盡讓他脫離了使他痛苦的現實，給自己一個響亮的名聲，但是他給不得不順服的百姓們一個什麼樣的示範？難道無法遂己心意就只有死路一條？百姓們吃的苦不會比屈原少，他們也未必較屈原不愛國，如果每個人民都如屈原般，那國家只會更加衰亡，若屈原敢於集結眾人之力群起撻伐，或許能一改亂象也未可知。狂泉國主飲狂泉而與民同為狂人，結果皆大歡喜，但這也是深沉的悲哀！從原本的與眾不同和自成一格到從眾俱狂，國主經歷的不僅是身體上的煎熬，更是心靈上的扭曲變形！舉國皆狂或許荒謬不堪，但至少國主省卻了身心的痛苦而得以好好生活——縱使是在不得已的狀況下變成得已。

我覺得屈原與國主各有各的是非，而我的定見也僅是從我心中的秤桿測出。自盡的逃避只是不願面對現實的不負責任，而從眾的屈服於外在也未必就該被冠上同流合污的罪名，如果能在和大家相同的身分中，找出另一種方式來實踐自己的理想，甚至影響別人，我想那是我會遵守的原則。先安定自己於大環境中，方法再慢慢想，我們怎麼知道在茫茫人海中不會正有其他人和自己一樣，想謀求新方法來實現理想呢？群體和自我的矛盾也許永遠存在，是與非的對錯觀念也必須不斷地調整改變，能在滄浪與狂泉的對立間找出屬於自己的寧靜清流，才是真正能在外在的轉換中貫徹而永垂不朽的永恆與成熟。（許恆慈）

在陳思潔的狂想中，歷史的一頁重新改寫，其實要傳達的是「事情總是可以找到解決之道」的：

戰國時代，楚國有一位滿腹懷抱的賢大夫屈原，因為小人的讒言與誣陷，於是他滿懷憂愁和冤屈遁隱山林，開設學堂講授典籍。他的學生浸淫在屈原的教導下，個個都非常有才華且充滿愛國情操，多年後終於將讒佞小人逐出楚國，使楚國日漸富強。

從前有一個國家的人民因為喝了狂泉之水，大家都瘋了，只有國君喝自己挖鑿的井水，所以精神狀態維持正常。沒想到大家都說國君瘋了，並且想治療他，屢屢逼他喝狂泉之水。國君覺得這樣下去國家會完蛋，於是偷偷毀了狂泉，並且開鑿多口質地純淨的水井。這個舉動起先讓人民非常不滿，紛紛造反。但因為狂泉被毀，人們喝了一般的井水，不再瘋狂，逐漸使這個國家恢復昔日的秩序。

當然，這兩個故事的結局並不如同我所想像的。屈原最終背負沉重的憂愁投江自盡，那位國君則受不了痛苦而飲下狂泉。如果這兩位遭遇不幸的人能夠眼光放遠一點，並且堅持自我，或許就能以長遠的計畫改變現狀，縱使在他們有生之年無法完成，自己的學生、子孫、下一代、下下代……所有繼承自己思想的人總會繼承志向，進而實現自己的懷抱。

隱約地，我聽見漁父在遠方笑著唱：「滄浪之水清兮可以濯我纓，滄浪之水濁兮可以濯我足……」禍福與成敗，完全是自己決定的啊。（陳思潔）

不一定要選擇極端，其實還是有其他理想的解決方式，黃詩婷如是說：

同樣面對水，卻選擇了不同的際遇與不同的命運。我們可曾感受到不容於世的屈原滿腔的孤寂？又可曾隱約察覺此位國君放蕩的豪笑中帶有的自棄？

屈原因為對理念的堅持，所以在黃鐘毀棄、瓦釜雷鳴的世俗中，選擇結束生命。在理想和現實極端相反、矛盾彷徨的心情下，抉擇的痛苦和掙扎不停侵蝕裡，他始終保持不隨波逐流且堅貞高潔的人格。在內心交戰而後投江自盡的當下，那聲沉重的嘆息隨著身軀沉入河裡，其餘的，留給後世人判斷吧。

〈狂泉〉文中的國君其實也是處於一種「眾人皆醉我獨醒」的環境，不同的是，當屈原想要使他的國君清醒時，這位國君卻在面對人民眾醉之下選擇同流且狂。他孤獨的處於不狂之境，但受到人民逼迫的刺激和折磨，最後順應國人飲泉同狂。曾堅持的真理，曾自豪的真相蒸發在陽光下，假裝遺忘。

屈原選擇即使不被了解仍舊不改變人格，但國君卻選擇進入庸俗，遠離孤獨。我曾經讀過一個很妙的比喻：「這個世界就像魔術師從帽中拉出的白兔，所有人剛出生時都在兔子的細毛頂端，但當年紀愈長，愈習慣一切時，便愈深入兔毛內而不願向上看；唯有哲學家才會試著留在頂端，想知道魔術師是誰，即使他們是稀少孤寂的；但仍有一些處於中間的人正猶豫著該向上或是落入世俗。」有很多次，我會去思考，該獨自守護真理抑或落於凡俗；有很多次，在面對外界嘲諷和眾多的「一樣」，會讓我想丟棄自己的「不一樣」——即使這才是真理；有各式各樣的很多次後，疲倦的步伐該邁向何處？

給自己一個小世界吧！即使外在看似平庸，內在依然適時給予依賴和支撐。用一個自己處之泰然，聽風的呢喃、葉的低語，再用另一個自己與外界保持平衡，不落入庸俗，也不過於寂寞。

同樣是水，我不選擇極端。（黃詩婷）

石宜真的想法——「適應環境，並且用自己的方法堅持理想」很能代表新世代的思維：

歷史上，大家總是給屈原很高的評價，因他「眾醉獨醒」得不到世人的理解，又為了保持自身的清白而投江自盡，聽起來真的是令人動容。但他身處於戰國時代，是一個靠手段、口才、謀略展現自我的時代，各國國君利字當頭，任用賢才，使平民崛起，人人機會均等，所以你不能只是希望國君一直聽從你的「好的」策略，你必須用三寸不爛之舌說服國君，用行動挽回國君的心，用手段狠狠的反咬扯你後腿的小人，而不是逃避這個殘酷的事實。

屈原和狂泉裡的國君比起來，顯得不切實際。國君能坦然面對全國人民瘋了的事實，當眾人都傾向一種模式的時候，就形成當下社會的形態，而身在這個社會中，你就必須適應它，不能用誰對誰錯來衡量，自己的心態必須調整，而最笨的方法就是選擇結束生命，因為這麼做真的不能改變些什麼。孔子和孟子同樣身處紛亂的春秋戰國時代，他們的理念未必得到各國國君的認同，也有人勸他們隱居，但他們還是選擇適應這個環境，並且用自己的方法繼續堅持著自己的理想，雖然得不到重用，卻也贏得國君與後世的尊重。

我認為每個人都應該適應自己所身處的時代，即使它有很多的不合理，即使個人不能被環境完全的理解。假如我們？有任何理想，那和世人同醉又何妨？如果我們有理想，又何必理會那些醉漢？慢慢的往自己堅持的方向走就對了。（石宜真）

「圓融處世，完成理想」是李昕頤認為的雙贏局面，也是價值多元化的現代社會中，我們可以走的一條路吧：

世間上有太多事沒有絕對的對錯，有時更是一體兩面，端看我們以什麼角度去看待。

屈原是對的，他把持自己的真心，抵死不屈，他堅持自己的信念，不受任何人的侮辱。屈原是錯的，錯在他看不清、放不下，不知識時務者為英雄，他屬於外剛內剛的性子帶著自己走入死胡同，永遠也參不透圓柔的道理。

國主是對的，在無計可施又孤立無援的境地中，他看破一切，順從潮流時勢。國主是錯的，他不該如此輕言放棄他所有的子民，應更積極努力尋回原本的大家；再不然，他也應該站穩步子，堅持自己的本性。

在棉線中的一絲金縷線是珍貴美麗的，但卻織不成一疋好布；在沙漠中的一顆鑽石是璀燦奪目的，但卻沒什麼用處。在堅持自己和媚俗從眾間，我想沒有所謂單一標準，可以依不同的情況來選擇，但要認清自己的能力極限。

能保住自身安全，圓融處世，進而達到自己理想，才能算是雙贏的局面。（李昕頤）

怎麼做可以達到所要的結果？堅持自己或從眾媚俗都無妨，廖珮暄提出「目的取向」的想法：

屈原高尚的情操和品德不容否認，在國君的不諒解下，自行其道的孤獨無法抹滅，龐大的壓力和矛盾的思緒，的確讓人失望無助且喘不過氣。自己堅持的到底是什麼？選擇自殺又留下了什麼？屈原所一再堅持貫徹的不就是期望能對世人有所幫助，並企圖改變這個社會？一旦自盡便一切化為烏有，之前所有的努力也都成空，還談什麼堅持？既然如此，那與選擇和世人同流合污有什麼不同？橫豎都是個靡爛又污濁的國家。屈原雖然自認受了委屈而結束生命，但滄浪之水清濁的定奪卻也從此不再有清楚的界線。

狂泉的國主雖然消極的選擇飲狂泉之水，與國人其狂若一，但至少免於被活活折磨至死。所謂「正常」或「不正常」的定義應該是很客觀的，多數人所行多半會被公認為正常，少數人所做的事就會被認定為獨特、不正常，以這樣的想法來論，國主和國民的狂病就某種角度來說，是「正常」的。我雖然不否定他的作法，但其實他仍有較為積極的方式——逃離。世界那麼大，放棄一群不可挽救的瘋子人民而拯救自己，實在不為過。他大可在新的國家展開嶄新的生活，成為那個群體中的一個正常份子。

做自己固然保有性靈，但若為自己招來人情及輿論壓力，甚至還出現屈原這樣以死亡作為結局的例子，我是不取的。媚俗固然違背自己的意志想法，但世俗的行為在當下的時空既沒有人能論定是對是錯，我何不選擇一個可以行得通的作法？更何況現在大部分人都高喊著做自己，說眾醉獨醒，不願同流合污，卻又不甚了解自己真正的堅持和理念，只是一味的跟隨著自以為高超的潮流，那麼，這不也是另一種變相的媚俗嗎？

於是，每當面臨選擇跟隨大眾或堅持做自己的時候，在我的思考模式中，「結果」就是選擇如何作為的決定因素。（廖佩暄）

從眾隨俗是一條比較容易走的路，但難免失去自我的價值；太過固執堅硬，則可能傷人又傷己。屈原清高自期而不見容於世，又不願同流合污，於是投江自盡，行徑固然可佩，但想想，如果司馬遷也在遭受宮刑恥辱後隨即自盡，就沒有《史記》的問世了，不是嗎？歷來有志難伸、遭受現實挫折的人不計其數，如果都遵循屈原之路，恐怕亦非社會之福、國家之幸。所以，大多數人認為當自己沒有能力改變現狀時，不如先做好「獨善其身」，未來才有機會「兼善天下」，這是平實的想法。

屈原與國主，其思考與抉擇值得現代人觀照省思，相反的處事態度擺在一起，討論的空間就此展開。

經由思辨探索，評論古人行徑，提出個人看法，但願現代學子能從閱讀古籍中汲取智慧，澆灌一己心田。

解讀親情糾葛背後的幽微心曲

——為〈鄭伯克段於鄢〉的人物置一詞

親情，本乎人性，卻難免受到外在現實諸般條件的糾葛夾纏，失卻本來的純淨篤厚，以至於質變形變，令人嘆惋。

在〈鄭伯克段於鄢〉文中，我們讀到一位偏心任性不公允的母親——武姜、一位渴望母愛不得導致個性扭曲的大兒子——鄭莊公，以及一位被寵溺而貪得無饜的小兒子——共叔段，他們三人身陷在親情與其他利害關係衝突的桎梏中而無法超拔，演出一場骨肉悲劇。

然而真相究竟如何？書上記載的僅僅是「母子失歡、兄長失教、弟不敬長」的扁平事蹟，我們看不到人物的真實血肉。若以現代的眼光切入，進入他們曲折幽微的內心世界，他們將呈現出怎樣的想法思維與心靈面貌？且讓兩、三千年後的學子為典籍中的古人置一詞吧！

《左傳‧隱公元年》

初，鄭武公娶於申，曰武姜。生莊公及共叔段。莊公寤生，驚姜氏，故名曰寤生，遂惡之。愛共叔段，欲立之。亟請於武公，公弗許。及莊公即位，為之請制。公曰：「制，岩邑也。虢叔死焉，佗邑唯命。」請京，使居之，謂之京城大叔。

祭仲曰：「都城過百雉，國之害也。先王之制，大都不過參國之一，中、五之一，小、九之一。今京不度，非制也，君將不堪。」公曰：「姜氏欲之，焉闢害。」對曰：「姜氏何厭之有？不如早為之所，無使滋蔓，蔓難圖也。蔓草猶不可除，況君之寵弟乎？」公曰：「多行不義，必自斃，子姑待之。」

既而大叔命西鄙、北鄙貳於己。公子呂曰：「國不堪貳。君將若之何？欲與大叔，臣請事之。若弗與，則請除之，無生民心。」公曰：「無庸，將自及。」大叔又收貳以為己邑。至於廩延。子封曰：「可矣！厚將得眾。」公曰：「不義不暱，厚將崩。」

大叔完聚，繕甲兵，具卒乘，將襲鄭，夫人將啟之。公聞其期曰：「可矣。」命子封帥車二百乘以伐京，京叛大叔段。段入於鄢，公伐諸鄢。五月辛丑，大叔出奔共。……

【習作說明】

一、你說我不說：獨白。寫出故事中三位關鍵人物的心聲，例如以武姜的立場發聲，寫「孩兒，其實你不懂我的心」；或以鄭莊公的立場表達「娘，我有話要說」。

二、我說你不說：評論。以當前你的角度針對本文中任一位當事者的行為動機、過程、結果加以評論，寫「論鄭莊公」、「論武姜」或「論共叔段」。

三、你說我也說：對話。就某一主題，寫出你和本文中任一位當事者的對話，其實也是並陳你從不同立場對其人的評述。

【注意事項】

本次寫作的重點是以原文為基礎，可以聯想鋪敘故事細節，或者適當增添其他重點的描寫，以豐富內容，但不可改變原文主要情節與結果。

壹、你說我不說：獨白

一、武姜的心聲

以我們的眼光來看，很難理解只因為難產，武姜對待長子寤生便幾乎沒有親情可言，而一面倒地寵愛共叔段，在武姜不可理喻的背後是否蘊藏幽微難解的心曲呢？或是還有其他不足為外人道的難言之隱？當同學試著將歷史上平面的人物立體化時，她們可否為武姜的作為找到合理化解釋？下列便是同學從武姜的角度設想，提出她們的看法：

寤生劫

或者，這一切都是我鑄下的錯吧。

孩子，你聽見了嗎？來自娘心底最深的嘆息。那個夜晚，我頰上滲著冷汗，雙手顫動著緊攫住產婆的手，一陣陣連心的痛楚換得我一臉慘白；吸氣、吐氣反覆持續，你在我身體裡搏鬥，我則在面對茫茫新生命的驚惶中，奮力為你拉開一道門。

思緒混亂，一次直刺心坎的劇痛剝奪了我的意識，只聽得耳畔迴盪著驚叫和凌亂來回的腳步聲，然後眼前一片黑暗，我在黑暗中看到驚慌失措的你，在掙扎，我想幫你掙脫，卻像被縛住般無能為力，我的心被莫名的力量掐住，我在黑暗中完全迷失自己，是你那一聲飽含中氣的啼哭，將我從地獄中救贖！

睜開眼，注視眼前活生生、赤裸裸且血淋淋的你，我脫口喚你「寤生」，因為這一場痛帶給我太深刻的震撼。

你炯炯的雙眸告訴我：你勢將與眾不同，你凝聚了我的血和肉，也只有我能領會你必會有傲人的成就。於是，我下了一個決定，按捺心中的不捨，我將你託予旁人照顧養育。或許，錯誤就是從這裡開始。

我沒有當過母親，我幼稚地以為只要不去愛你，就會讓你學會獨立。你可知道每一個夜晚，我都因思念你而輾轉反側、噙淚失眠！

誰知道正當我想走進你的生活時，段出生了。段是上蒼對我下的詛咒，他不像個孩子！他從頭至尾都用一種扭曲變態的嫉妒來箝住我的靈魂，因為他是唯一分辨出我的愛全懸在你身上的人！

寤生，你可知道，這些年來我只能默默地看你，看你一個人孤單地努力長大、看你難過時一個人躲起來哭泣，你知道我有多想走近你身邊，哄哄你、抱抱你，聽你親暱地喊我一聲「娘」，但我不行！段的眼睛像一張密網般網住我，我動彈不得。不知不覺，你開始用冰冷尖銳的眼神看我，而為了怕段對你不利，我只得在你面前裝出厭惡你的表情。你可知道，每當你表露對我的不屑和怨懟，我就像在心上掘了口井般，汲出無邊際漫流的朱紅。

你以為我真的想幫段奪權嗎？他用殘酷的言語威脅我向你提出一次次貪婪無理的要求，忍住心中波瀾起伏的母愛，為了不讓他傷害你，我只有妥協這惟一一個選擇！看著日益猖狂的他，我比你還要心急，我不甘以屬於你的錦繡河山去成全他的偏激，但我能怎麼辦？我只能順著他的心意，只能聽憑他利用我對你的愧欠來換取你對我日益加深的冷漠，只能任由他用這種泯滅人性的方式來滿足他對你我的恨，這是報應吧，上蒼要懲罰我一開始就做錯了決定，沒來得及好好疼你。

眼前所見全是段精心布下的局面，你怎會想到散播段要出兵消息的人，就是我呢？看著你威風地統馭軍隊，那一種英姿勃發的光采，是治療我傷痕滿布的心靈的良藥，僅是那短暫的、可以明目張膽望著你的喜悅，就已讓我滿足了。

雖然段得到了他的報應，而我卻仍在段的心機中走不出自我。我無法告訴你這一切真相，在這種情況下你也不可能願意傾聽，更別說相信。你將我發落到城潁，已是你對我的最大恩賜！面對像我這樣從未給過你愛與溫暖的娘親，或者說是滿身罪孽的罪人，我有什麼資格要求你原諒我？

你挖了那條地道見我，你可知道當下人過來通報時，我有多興奮、多雀躍！當下的我對上蒼已沒有任何怨尤，即便那只是場夢，我都已品嚐到最甜美的碩果！日日夜夜的思念，多年來的忍耐和壓抑與對你深摯的愛，在看到你現身地道的瞬間逾越界線崩潰！我終於可以輕撫你的臉頰，和你自在地話家常，這個畫面、這個情景，這些年來不知在我腦中、夢中上演了多少遍？我終於可以以一種受你肯定的母親姿態站在你的面前，你溫柔的呼喚是我夢寐以求的奢侈，僅是那短短的片刻，已撫慰了我淪肌浹髓的創痛！哪怕你只是在演一場戲，我都感謝你讓我有這樣的機會，好好地看著你。

寤生，我的孩子，你已滿足了我所有對人世的眷戀，然而段的陰影如鬼魅般纏著我，我已經沒有力量再去抗爭什麼！孩子，娘老了，我對段的虧欠就如同對你的一樣無邊無際，這一切罪過都是我種下的因，而報應的果實就該讓我一個人去承受，你們都是無辜的！沒有誰該為我的失職負責！夠了，我已別無所求。

未來的你想必更加傑出，就如同我第一眼看見你，就明瞭你與眾不同！孩子，謝謝你無所求的原諒！我再也不必在煎熬裡苟活。

再喚我一聲「娘」吧，寤生。（許恆慈）

本文發揮細膩思考解讀人性，並賦予武姜真實血肉，突顯母親在兩個鬩牆的孩子之間的矛盾掙扎，令人動容。

孩子，請原諒我

孩子，請你原諒我這個不盡責的母親。我不知道我對你的忽視淡漠，使你過得如此辛苦。

一切都是我的錯，但你可知我為何會如此對你？我不能接受自己的孩子差點害我連命都丟了，那種痛苦、那種撕裂的感受、那種心驚肉跳的生死交關，你可曾體會？你不能。你從小就聰明過人，即使是你弟弟也不及你千分之一，但你就是沒有他貼心，加上那件事……是的，我永遠記得那天，你邊哭喊著邊撲進我的懷裡，再怎麼鐵石心腸，我也是你娘，那種骨肉相連的情感是割不斷、磨不去的，可是你的哭聲又牽引起我多年來亟欲忘懷的夢魘，所以……所以我才會把你推開。沒想到，那一推，不僅把你推離我身邊，也把母子間的情感扯斷了。

看著你長大成材，你知道我有多欣慰。但你我都太倔強了，大概是你遺傳自我的特質吧！我們誰也不願先軟化。每次和你對上，總是造成你我兩顆渴求愛的心傷痕累累，我故意對弟弟好，而你則故意抱怨爹從小沒給你好的娘。我好後悔，後悔為什麼我們會這樣互相傷害……結果賠上了我兒子的人生……

孩子，或許我給你的愛來得太晚，你是否願意試著接受？讓我好好彌補你童年所欠缺的母愛。（張雅婷）

本文描摹母親充滿歉意的心態，以具體小細節（被勾起夢魘而推開兒子）註解兒子內心深受傷害的起因，雖只是想像，卻極為真實。

愛你的心永無止盡

孩子，其實我是愛你的。

一直以來，旁人都認為我是偏心、只寵愛弟弟的母親。別人皆以為我厭惡你這個難產出世的孩子。我不在乎別人如何看我、評論我，但若是連最深愛的親骨肉都視我為敵人時，做為母親的我，心好痛、好痛。

你可知道我從不後悔生下了你，我認為所有的孩子都有生存在這個世上的權利，因此雖然難產，我亦決心一定要把你留住，我不希望自己的心肝在未享受生命前就無聲無息地消失，我願意用自己的生命把你留住。幸運的是，你真的存活下來了。

自幼，你的身體就比一般孩子虛弱，於是，我才建議你父王將君位傳給你弟弟，但卻被天下人認為我出於私心。做母親的，在權力和健康中為孩子抉擇，我毫不考慮地要你能健健康康而不用操煩政治，但你忽略了我的一片真心。孩子，我多希望你能每天開心過日子，而不必為了國事傷身！結果，你絲毫不解母親的苦心，任憑外人評斷我的作為。孩子，我好傷心！

我知道你對我一直不諒解，因為我對你和對弟弟的態度似乎極為不同。你一定痛恨我生下你又忽略你，把你帶來這個世間又不賦與你應得的母愛，對於我偏愛弟弟，你心中必定更是感到不平！我知道你很渴望我們母子能夠像一般母子那樣坦誠談心，但你嚴肅的面容讓我一次次把情感收回肚中。

相較於你，弟弟的才能差得多，可是野心卻不小。在我的眼裡，你是個能夠靠自己成大事、智慧的大器，我能夠安心放任你自由地飛、自由地闖，因為我相信你不會讓我失望，你能開創出屬於自己的大片山河，你能擁有一片自己美好的天空。但弟弟無法靠自己成就事業，因此，我總是事事為他設想，偏偏他的貪心又沒有限度，我只好留在身邊控制情勢發展，旁人只看到表面情況，就武斷地指責我偏心。

弟弟要攻打你的企圖早已被我盤算過了，由於他太過自大貪心，我認為必須給他教訓才能使他覺悟。於是，我便假裝應和他，因為他根本不接納言語的勸告，只有讓他徹悟才可改變他的想法。而我知道你有能力制服弟弟，所以我允諾協助他。而你知道的只是我會開門接應他，你不知道我的安排是要讓弟弟的想法早日改變修正。你得到勝利，你弟弟得到教訓，而我失去兩個兒子！

孩子，我真的真的很愛你。希望有一天，你真的能了解。（黃詩婷）

本文拓展個人創造思考空間，替武姜的任性偏心設想種種理由，寫出其人遭受的誤解，亦頗合情合理。

我依然愛你

孩子，也許你會恨我吧，畢竟我在你眼中是一個如此偏私而不盡責的母親。但孩子啊，我多希望你可以明瞭那種游離於生與死之間的恐懼。平凡如我，生命主宰的強大力量和你的出世同時加諸我身，對我而言，彷彿死亡與你具有同等意義，我真的怕呵。

終於，我的膽怯造成了悲劇，讓你和弟弟無法挽回地成了仇人。該怪我吧，不能克服上天帶來的考驗，且自以為是地一味逃避，親近弟弟而刻意忽略你，養成你偏差的心態——冷漠寡情、工於心計、難以溝通，最後你以充滿謀略的手法對付你的親手足。

唉，這是我的果報，自古最教人不勝唏噓的倫理悲劇。誰教我屈服於逆境而隱藏對你那份出自天性的母愛，孩子，我知道現在如何懺悔也不足以補償過去的種種，就幽禁我在此，直到永遠吧，我沒有半句怨言。身為一個失職的母親，我應該在此深深反省。

我實在沒有想過竟然還可以見到你，我一直掛心的你。我的孩子，在多年委屈的壓抑後你還能諒解我，我何其感謝！

孩子，讓我這慚愧的母親說：「我的孩子，我依然愛你啊……」（羅怡蘋）

母親偏差的態度造成孩子心理的扭曲變態，以此解讀古人古事，本文提出合理的說法，值得今人深思。

給我的兒子

打從生下你的那天，就是我苦難的開始。

還記得那是個蕭瑟的秋夜，你爹派人回來通報要接見楚國公子，今晚在外設宴不回家。通報的人剛走，我的肚子就纏絞似的陣痛起來。這是我的第一胎，從不知道生孩子是如此痛苦，我躺在床上緊咬著接生婆給我的毛巾，咬出一嘴帶血的口沫，全身的汗浸濕了床單，我使出全身最後一點力氣，虛脫前，你的身體終於出來，但卻是雙腳先出的難產。我又花費好幾倍的力量把你硬是生了出來，而後整個人幾乎昏死在床上。

就像是詛咒一樣，生下你之後，我的身體越來越差，你父王從此時起，也越來越少到我的寢宮來看我。

在這種身心俱疲的雙重打擊下，我毫無心理準備，懷了第二胎。從懷孕到生產，過程順利多了，我的身子調養得很好，你父王也恢復對我的寵愛。我始終認為這一切都是你弟弟段帶來的，段開朗可愛的笑臉，那可真是美麗的春天。

長大後，你在父王前極力爭取表現，與我向來疏遠；而段特別贏得我心，他一派斯文氣質，書讀得特別好，而且總是敏銳地關注我的身體，體貼地逗我開心。因為我對他的寵愛，我三番兩次希望你父王能讓他繼承王位，你當然心生不滿，最後你父王依嫡長子繼位的傳統體制將君位傳與你，我看著無權無勢的段，深怕你掌權後會借機報復，心中滿是不捨和擔憂。

那時我一心想保護段，因此不斷向你要求加封他的采邑。隨著勢力增強，他的野心在旁人唆使下漸漸膨脹，甚至想率兵取得君權。

我多不願見到你們兄弟互相殘殺，不願意面對你們任何一人遭遇不幸，但那時意志堅決的段已下定決心，我若不幫他，就只有看他一死。結果，我失去了我心愛的兒子段，更斷絕了我們原本就薄弱的親情。

我多麼後悔，多麼不願意見到這個悲劇！我的確是個有私心的娘，但這一切都不是以對付你為出發點，我只想把多一些的愛給你弟弟啊。

現在，有機會讓一切從頭來過，讓我好好叫你一聲「兒子」吧。（石宜真）

母親的偏心也許很難被諒解，卻是可以理解的。本文試著從丈夫對待的態度與兩個兒子的親疏來推論武姜的心態，是成功的做法。

一個母親的呼喚

兒子，身為你的母親，我是愛你的。我知道人們都說我因難產而不愛你，他們錯了，那艱苦懷胎的十個月，我用我的血肉哺育你，你來自於我，我如何能割捨這份愛。只是，你身為嫡長子，父王對你另有一份期待，於是小小年紀的你在諸多外力影響下養成早熟的性格，你獨立自主、聰明敏捷，眾人皆為你的懂事而欣喜，而我卻為失去抱你的機會而痛苦……

我是一個母親，我是如此熱切地想要將你擁在我的懷中，凝視你天真燦亮的雙眼，撫摸你充滿稚氣的臉龐，如此平凡卻又渴望的心願，怎知永遠無法實現。有誰知道我的落寞無奈？有誰注意一個母親的哀傷？我的生活是空虛無依的，直到你弟弟——段出生，我才重新找回生命的意義與生活的重心。

少了別人對他的期許，我充分發揮我的母愛。我陪伴他玩耍，不必在一旁看他被繁複的禮制規矩壓抑著；我感受到他對母愛的需要，並立即加以回應；我感受身為母親的成就滿足，也享受當母親的樂趣。在我和段愈發親密之時，和你漸行漸遠。

那天，你登基了，是我惡夢的開始。自古有多少帝王能和兄弟和睦相處？身為君王的你是安全的，而段是危險的，於是我為他向你要求封邑，只是為了保全他。日後，兄弟鬩牆的不幸發生，大家視我和段自作自受，沒有人想到我從此失去兩個兒子的痛苦與孤單……

「母親」，對你的意義究竟是什麼？回憶當初，我是如此的希望能扮演你最溫柔、最親近的母親，然而，現實只允許我把這份強烈的感情投注在段的身上，現在，我依然想告訴你：我是愛你的！因為我是你的母親，是辛苦懷胎十個月生下你的母親。（李祐寧）

一般家庭所能擁有的天倫之樂，對王侯貴族來說，可能是難以企及的。衡諸歷史，為了政治權位而罔顧親情的例子屢見不鮮，本文由此角度切入，值得肯定。

孩兒，其實你不懂我的心

我知道你恨我，但我並不怪你。

十月懷胎，你誕生的那晚我驚恐不已。每當看見你，就令我想起那三天三夜的聲嘶力竭。然而血濃於水，這並非我偏愛共叔段的主因——而是你的父親，打從你出生的那一刻起，便遺忘了我的存在。你嫉妒共叔段的當兒，我又何嘗不嫉妒你！

你的父親視你為他的接班人，這一點我很早就看透，連夫妻倆單獨在一起的時刻，他也唸叨著你有多像他。我努力過，試著真心真意地愛你，但是我失敗了，我將滿腔的母愛灌注在你弟弟身上，從此我們更加疏遠。想必你時常懷疑自己是不是娘親生的，孩兒，我承認我偏心。你處處勝過弟弟，又能繼承大位，我不得不為共叔段打算。

孩兒，你從長期隱忍到今日的銳不可擋，我感到高興又悲哀。喜的是你深謀遠慮，施計於敵國必當攻無不克；悲的是你竟能狠下心來算計弟弟。你從未規勸他便迅即發兵，且追擊甚急，起心動念的機微是一種報復麼？

如今段已遠離，我相信你感到的不是心滿意足，而是分外寂寞。隧道之內，你我交會的淚光裡，我看見了你的成長。孩兒，你若明白我的心，就讓我們重新開始，好嗎？

（孫瑀）

緣於宮廷的「特殊生態」，結果泯滅了母子之間與生俱來的濃厚親情，造成母子失歡，令人嘆惋。

上列幾篇，作者都是從武姜的角度思考，藉其人獨白提出歷史人物的行為背景，細緻鋪敘其人內心的痛苦、掙扎或矛盾，並為其人作為提出合理解釋，表現出色。

在探索武姜的心曲時，有同學的作品雖無法構成佳篇，若僅摘取片段，亦有不俗的表現，如：

當年我嫁給你父親前，早已有私定終身的情人，但卻不得已為政治因素而出嫁，還生下你。生你的時候難產，把我嚇壞了，才為你取名為寤生。我那時真的不知道如何扮演好母親的角色，沒辦法好好愛你。從小你又不願意親近我，不讓我餵奶，我一抱你你就放聲大哭，漸漸地，我便和你越來越疏遠。（周茹彬）

兒啊！為何你如此絕情？為你取名「寤生」，是要你知道生你的時候我有多痛苦，你竟然完全不瞭解。你總是怪我偏心於段，把我對你的關懷置之不理，總是對我冷漠且粗魯。有一次，我端著熱湯給從寒冷戶外進門的你，你不領情，將我的手甩開，湯燙著我的手，但我的心痛比皮肉之傷多過幾千倍。（張瑋芩）

孩子，你難道不屑我對你的愛嗎？你真的只在乎的人世間虛浮的權勢地位與愚昧的政治鬥爭嗎？所以才對我如此不孝不敬。（鐘奕涵）

第一段文字揭示武姜的委屈與無奈，第二段文字描繪鄭莊公令母親心痛的具體狀況，第三段文字直指鄭莊公的冷血心態，都能充分說明武姜之所以偏寵共叔段的根本原因。

可以看出，不少同學對於武姜抱持同情理解的態度。至於被譏為「失教」的鄭莊公，她們如何為他發言呢？

二、鄭莊公的心聲

夜・我對你說

打從一出生，我便在不經自我意志之下被冠上了「寤生」這個名字，這似乎也同時宣判我和媽媽的關愛從此沒有交集。

活了這麼多年，沒有得到過媽媽一個擁抱、一個關懷、一句問候，每當深夜，總得自己躲進房裡尋找情感的宣洩與堅強的平衡點，用每一個黑夜換得堅強與忍耐。母親的偏心昭然若揭，從請求父親改立太子，到現在替弟弟求取封邑，都一一的映在我的眼底，也一一對我心底產生磨蝕融毀。大臣們沒有經歷過那些漫漫長夜，不能體會痛苦淬礪之後的新生力量已鍛鑄成高度警戒心。她是母親，卻也是幫兇；他是弟弟，卻也是政敵，如何對待？我只能自己走在鋼索上，搖搖晃晃地找尋權與情、君權與天倫的平衡點。

在弟弟攻入城門之後，我失去了平衡，內心壓抑已久的情感深度，究竟敵不過長夜煎熬的痛苦長度，我一直以來不斷累積的耐心，終究是太重了……

擊垮了弟弟，幽禁了母親，並沒有解放我的痛苦，反而更加深我之後每一個黑夜的輾轉失眠，從自以為保持平衡到宣洩失控，自始至終，我逃不出夜的吞蝕，如同詛咒般，又再一次對我宣判，宣判是我自己選擇了錯誤的道路。

或許唯有做了錯誤的決定，體驗錯誤之後的苦果，才能發現真正隱藏在深處的本心。對母親的愛，其實一直一直深深埋在我的心底，只是長久以來種種的不滿、悲傷把愛掩蓋住，讓愛帶著面具躲藏起來。

如果能讓我退回起點，重新選擇，我會走出長夜的詛咒……

幸而，「大隧之中，其樂也融融」、「大隧之外，其樂也泄泄」便是破解詛咒的密語。夜，再也不長了……（徐小涵）

鄭莊公夾纏在「母親弟弟——幫兇政敵」的矛盾糾葛中，痛苦不堪，本文細膩地描繪其心的複雜曲折，流露悲憫之情。

娘，我們可以重新開始嗎？

娘，我無法想像您生我之時的痛苦，因為那痛苦之大，大到讓我失去被您寵愛的權利。

娘，我無法明白您對我心裡的怨恨，因為那怨恨之深，深到讓您企圖串通胞弟殺我奪權。

這一切築起你我之間的心牆，一堵厚實的銅牆鐵壁。

其實我給過您許多挽回的機會，因為我以為您對我的不理不睬是您對我的考驗，以磨練我成為一位賢君。基於此信念，我忍氣吞聲地成全您平日對胞弟的寵愛和向父王要求立弟弟為世子，甚至要求將軍事要地分封給弟弟等事。

我認為自己已通過種種考驗，但卻仍得不到您的母愛，直到我確定您將協助胞弟造反時，我終於明白這些考驗是蓄意的機心。於是期待轉變成倦怠，我決心對獨占母愛的胞弟展開復仇。

首先，我耐心等待胞弟將他的野心付諸行動，讓我擁有正當名義出兵征討。再一步步誘使百姓們將「叛亂、不義」的手銬銬上他，最後名正言順地驅逐他，終於除去了這個長久以來的心頭大患。

娘，我們可以回到從前重新修補母子情誼嗎？（盧冠伶）

鄭莊公對胞弟處心積慮、絲毫不顧念兄弟之情的作為，原來是得不到母愛致使心理扭曲的強烈反映，頗令人嘆惋。

娘，我有話要說

娘，當孩兒呱呱落地的當下，震耳欲聾的哭喊是送您的第一份禮物，那是感謝您賦予我生命的第一首頌歌。只是，娘，您卻掩耳拒絕聆聽。

孩兒在您體內等待了十個月，終日盼望與您相會，是我太衝動魯莽？出世的那一刻，見到的卻是您驚嚇的面容，娘，您不歡迎我，是嗎？那麼我十個月來的引領等待，都是一廂情願、自作多情了嗎？

娘，孩兒看到了您迎接弟弟段到來時的那份喜悅，如利刃般深深刺傷了我的心，娘，那道傷口如今仍隱隱作痛，就痛在心口上啊！

娘，您可曾為我撫慰傷口？即使是一聲虛情假意的關懷也罷！孩兒日日夜夜的企盼只換得心死。

娘，莫怪孩兒太心狠，竟不留情置段於死地。當初若不是您當內應而開啟城門，孩兒便不會再度受傷。

唉！娘，您開始眉頭深鎖了，嘴裡念著道著惦著都是段的名字，孩兒拒絕再受傷了。「不及黃泉，無相見也。」這樣昧著良心的話，我竟然脫口而出。

娘，您會原諒孩兒的不孝嗎？孩兒著實愛您！時時刻刻都在企盼您的一個眼神肯定，哪怕只是一次也好。

娘，孩兒不再離開您了，不只是「黃泉大隧」之中，有生之年，都希望能與您相守相依。（陳威鳳）

本文以鄭莊公獨白的方式，企圖還原他初始的那一份孺慕之情，渴望母愛是天性，求之不得則「由愛生恨」造成天倫悲劇，值得今人警醒。

此外，也有同學為鄭莊公的所作所為提出值得同情的背景：

娘，您可知道，在私底下，被您寵愛的弟弟對於身為兄長的我多麼不尊重？您可知道，他在外頭闖了多少禍？孩兒一直不敢讓爹和您知道，怕使您倆煩心。而且，孩兒心底也明白，即使我說出真話，您恐怕也會為弟弟找很多的藉口，掩護他的罪行吧！（蘇筱雲）

猶記有一次，遠方一個小國進獻一隻鑲著寶石的金雞，爹交由您處理。我很想要，用殷切渴望的眼光注視著您，您的眼光瞄來，一眼看穿我的心事，卻當眾把它賞給了弟弟。這不是第一回了，我衝回房裡，又是一次大哭。（林立庭）

分別寫出段的不悌與武姜的不公，是故鄭莊公才會織就陷害胞弟的網羅，如此讓我們在臧否古人之際，也許可以多一份同情諒解。

以下則是借共叔段之口發言的篇章：

三、共叔段的心聲

絕筆

那年，是嚴冬。冷得連樹梢上的梅都錯過它應該綻開的季節。

宮裡所有人忙裡忙外，無不為這即將誕生的新生命——也就是我——期待、欣喜。「恭喜夫人、賀喜夫人！是個男嬰呢！」一位幫忙接生的婆婆拉長嗓子，彷彿要召告全世界的人。每一個人都歡迎我的誕生，除了那不捧場的梅，還有，你。

我知道，打從在娘胎裡，我便知道我倆的命運將會糾結在一起，再也理不清、解不開。我也知道，當娘把我捧在手心，慈愛地注視著我時，你偷偷躲在簾幕後面觀看這一景，嫉妒染紅了你的雙眼，雙拳緊握著你滿腔憤怒。我笑了，露出勝利的微笑。那年，你七歲，卻從來不知母親懷中的溫暖。

母親寵我至極，我也沉浸在她的呵護與溺愛中。小到衣飾玩物，大到京這個封邑，我想要，她便跟你討。我以為母親是完全屬於我的，直到有一天夜裡，我發現她手裡拿著一條嬰兒用的襁褓，流著淚，輕聲喚著你的名字，那呼喚微弱得可以，在我耳中卻成巨響。腦海裡揮之不去的，是殘燭映在母親臉龐的淚水以及殘燭背後你巨大的身影。

從那一刻起，我決心與你不兩立。

我招募軍隊，修城積糧，即使我欲襲鄭之心舉世皆知，你仍文風不動。母親勸我不可貿然出兵，我置若罔聞。沒想到在我出兵之前，你派兵討伐，京城人民反抗我，註定我成為悲劇的失敗者。

逃，是我苟延殘喘的方式，這一路上我見聞許多，也反省許多。我在共，聽說你和母親和好的消息，我笑了，我替你高興。

這些，都已經是多年前的往事。我隱姓埋名，在深山裡度過餘生，面對死亡，我並不害怕。共叔段早已死於戰場，死於「多行不義」之罪名，死於國君——也是我的大哥——你之手。

共叔段軀體仍在，精神已死，多年來，等不到歷史賦予公平的評斷，只有等著死神最後的審判。

這年，是暖冬，梅花開得燦爛。（陳思潔）

本文假想共叔段對鄭莊公吐露心聲，雖有不合史實之處，但其人的內心的確有值得深入探究之處，因而突顯本文的價值。

貳、我說你不說：評論

同學分別借武姜、鄭莊公、共叔段三位當事人之口發聲後，接下來是傳統的筆法：對歷史人物的評論。前人對鄭莊公評論較多，正、負面都有；對於武姜，是否也可以對她的作為及引發的後果提出一己之見？

以現代的觀點評論古人古事，是理性思維的表現，也能提煉出足以我們借鏡的省思與啟發。以下便是同學對故事中兩個主要人物武姜與鄭莊公的評論：

一、武姜評論

我論武姜

新生兒呱呱墜地，他第一次感受和獲得的愛，都是母親所給予的，所以有人說：「母親，是孩子未來命運的創造者」。但武姜為鄭莊公創造了什麼樣的命運？又如何以新生命初探世界之日為起點鋪設出一條以兄弟鬩牆為盡頭的道路？

「為人父母」是一個重要的職業，但是直到現在，從來不曾有相關單位為這項行業舉行過適性測驗。武姜只因難產這件事便厭惡自己的親生兒子，又使兄弟反目成仇，她的確是「不適任父母」名單中的一員。她不斷為共叔段向鄭莊公要求封地，甚至為共叔段大開城門，便於以臣（弟）犯君（兄）。如此明顯而失去平衡的溺愛，塑造出了一個對付她難產恐懼的傀儡——共叔段，孩子是映照父母行為的一面鏡子，共叔段的行為反映出武姜內心對於頭胎難產的懼怕，進而厭惡。母不慈，則子不孝、兄不友、弟不恭，也就成為意料中事了。

這並非表示武姜未曾感到痛苦，而她也確實遭到報應——「不及黃泉，無相見也。」在這段被放逐至潁的時間中，她想必反省了自己的所作所為，使純潔的新生命逐漸各自沾染極深的城府、狂妄自大的髒污，並擴散、渲染，終至無可磨滅的人，竟是自己的母親！其實受傷最深的，不是兩個兒子，而是一手導演整齣悲劇的自己！在潁的日子，除了反省，想必更多的悔恨也同時出現在她的內心，不然她也不會說出「大隧之外，其樂也泄泄」之言。

「天下無不是的父母」，這句曾被奉為圭臬的名言，如今已遭強烈的質疑。為人母親是件容易的事，但要成為一個稱職的好母親，則需要付出許多的心力與智慧。1994年國際傑出青年獎得主戴夫．佩澤是一個受虐兒，全家只有他一個小孩遭到母親虐待，令人髮指的各種行為加諸在一個不懂世事的孩子身上。成年之後，他的母親告訴他，在她心中，仍然有一度是真的和其他母親一樣愛著戴夫的。那武姜呢？我相信她也曾經一度是喜歡寤生這個孩子的，只是難產的餘悸猶存，淹沒了疼愛兒女的那份感情。所以我們並不能夠把武姜看做是推翻「天下無不是的父母」這句話的最佳例證，只是更應該好好想想：如何善盡這個「免試即錄取」的責任！（張仰孟）

古人今看，出以結合時代脈動的現代語彙，頗令人眼睛為之一亮，亦顯示作者借古事表達對社會現象的關注，開啟省思空間。

二、鄭莊公評論

論鄭莊公

是悲劇吧！那樣牽強湊出來的「其樂融融」，那樣勉強擠出的「其樂泄泄」。任誰都能體會，經過這般爾虞我詐的爭鬥，連兄弟鬩牆、骨肉相殘的戲碼都已經搬上檯面，這樣大的場面，又豈是「闕地及泉，相賦詩」便能抹去忘卻呢？這樣深的鴻溝，用再多的情也填不滿；這樣的芥蒂，用再多的力量也無法撫平。更何況莊公與武姜的結，豈只是因為共叔段？共叔段，只是這一段恩怨情仇中微不足道的配角罷了。

這樣違背倫常的悲劇之所以悲，只源於人與人之間的不諒解、不了解。鄭莊公是這樣，武姜何嘗不是？他們不了解對方，甚至也忘了看清真實的自己。武姜若非懷著愛與期待生下莊公，她怎會怪他沒有回報她的愛，反而成了個「寤生」；莊公若非孺慕武姜，期待得到母親疼愛，他又怎會對母親寵愛弟弟如此氣憤與不捨？說穿了，不就像是兩個討糖吃的孩子因為得不到自己所渴望的，所以拗著脾氣嗎？要不是因為有太多的愛，那會有這樣深厚的恨？

鄭莊公處心積慮地排演著他的復仇，他張牙舞爪的心機依然像是失寵的孩子為求母親的注意而刻意做出的安排。這樣司空見慣的爭寵戲碼，他卻還當成一番雄心壯志，用力經營著。唉！多麼可憐的孩子，費盡心機，做了這麼多，卻也只換來更紮實的一個結，一個永遠解不開的心結。（陳思云）

本文以「論鄭莊公」為題，實則兼論武姜。此處從心理學角度切入，論斷他「由愛生恨」，實為可憐之人，論述中肯。

論鄭莊公

鄭莊公對母親不孝、對兄弟不友，為他的深沉城府、自負狂妄做了最佳的註腳。

在我看來，鄭莊公的確不滿他母親那麼疼愛弟弟，但他不是因為自小得不到母愛而不平，而是因為他認為自己身為一國之主，霸氣威震四方，豈可容忍自己母親對他如此漠視？他將這股怨氣轉移到備受疼愛的弟弟身上，他用盡心機以剷除弟弟，將弟弟趕盡殺絕，絲毫不因為自己的親弟弟而手軟，這更彰顯了他的殘酷。

對於他的母親，他也沒有所謂的親情，只是忍受不了母親的冷淡與漠視，有意無意間否定了他的威權。畢竟，一隻驕傲的雄獅怎容得了有人不對他俯首稱臣、必恭必敬？縱使最後他與母親在地道中重修舊好，也僅是另一形式的利益交換，絕對非關乎親情或愛。他讓黎民百姓誤以為他有肚量來包容母親，也擁有孝的名聲，其實根本是一種假象。

〈鄭伯克段於鄢〉一文寫盡了世間權與利的爭奪，為人子為人兄者對母親、弟弟的算計，衡量每一作為的利益得失，人世間最難堪的醜惡，於此揭露。（李昕頤）

歷來評述者多認定鄭莊公陰沉狠辣、不孝不悌，本文亦延續同樣的立場批判鄭莊公，畢竟他刻薄寡恩的作為令人齒冷，莫怪先聖先賢的貶謫盡付「鄭伯克段於鄢」簡短數字中。

參、你說我也說：對話

設想若能穿越時光隧道，進入歷史現場，與歷史人物進行一場超越時空限制的對話，應該很有趣。以下是她們的作品：

一、與武姜的對話

救贖？迷惘？

地上的沙子被風捲起，在空中漫天飛舞，試圖用濃厚的黃褐色將現代化高樓蒙上一層過去。也許是風沙太大了，我揉了揉眼睛，發現有個人，緩慢地，緩慢地向我走來，從黃褐色中向我走來。

她踽踽獨行，有幾分狼狽、憂傷、疲態。

「你是誰？」我率先開口。

「我是……一個孤獨，一個失去一切的母親。」

「為什麼孤獨？為什麼失去一切？」

「我的一切就是我的兩個兒子。一個為了自己的野心永遠離開了我，一個表面上接受我，內心卻和我形同陌路。兩個人都不會再真正來關心我了，他們離我越來越遠，我真的……好寂寞，我失去了他們吧！」

「軀殼的離開並不代表心的死去，妳只是見不著他的形貌，怎能說聽不見他心底深刻的吶喊？另一個孩子既然能接受妳，又怎能說與你的心沒有交集呢？」

「他將我推入了絕望，生他時的難產只是別人認定的原因，真正讓我和他有隔閡的，是那孩子的自私。小孩長大了，本來就該自主自立，好讓大人放手照顧弟妹，但這孩子一味爭寵，計較我給誰的愛多，給誰的愛少。原先我只想給他一點教訓，告訴他，心胸狹隘的人是沒有資格作君主的，只是沒想到情況越演越烈，我可憐的小兒子就這樣永遠……就……離去了呀！」

她有些激動，淚水順著臉龐的弧度向下滴落，卻硬將哭聲吞嚥回去，不願在別人面前啜泣。

「他會計較，是因為愛得太深，認為弟弟搶走了妳吧！愛得越深，就越無法自拔到接近瘋狂。」

「他……真的愛我嗎？那為什麼把我關起來？又為什麼要別人勸說才肯放我出來？」

「就是因為太愛妳，他才無法原諒妳的背叛；需要別人出面，只因是身為君主，拉不下臉反悔自己說過的話。人的心本來就是偏的，不用理由，喜歡和厭惡就能存在。製造藩籬的是他的私心，但增加距離的卻是妳的偏心。妳從來不曾孤單過，因為妳得到大兒子的深愛，沒有強烈的愛，就不會有恨。妳只是在埋怨他達不到妳的期望罷了。」

「他愛……他真的愛過？」

一陣沙暴狂烈的向我襲來，我再次揉揉眼睛，似乎有絲淚水。她步履有些顛簸，漫步地消失在黃褐中。他真的愛過她？我並不知道，我這樣認定，希望她的心不再孤寂！

（康玉蓉）

對話的方式可以呈現對立的看法（亦即作者思辨的過程），表達的形式更為活潑，筆下的空間也更為寬廣。本文藉與武姜的對話，其實主要在揣摩鄭莊公的內心所想，用來烘托主題的周邊氣氛營造得頗為成功。

二、與鄭莊公的對話

愛

在鄭莊公無奈答應母親把京城封給他弟弟的時候，我問他：「你心裡有什麼感覺？」他說：「要不是因為她是我娘，我絕不會依她。」「可她就是你娘。」莊公無言，我告辭。

共叔段命令西鄙北鄙向自己繳納賦役的那一天，其實鄭莊公很清楚，武姜也很清楚，但她什麼也沒說，什麼也沒做，一臉的表情淨是說透了心裡的話：「你多讓弟弟，本就應當。」

等到殿上空無一人，僅剩莊公，我又問他：「你心裡有什麼感覺？」莊公說：「我娘把所有的愛都給了弟弟，沒有半點留給我！沒有半點留給我！」莊公拳頭緊握，臉頰漲紅，我甚至能聽見腦袋裡血液衝過血管的浪濤聲，一波又一波，不斷拍擊著他的憤怒。「沒有我娘的愛，我要這土地上所有人的愛！」他說的是愛，可眼中充滿憤怒。我看見憤怒的背後有那麼一個角落，在那裡，他知道即使鄭國人民都愛他，他母親的那一份還是無法彌補。我又離開。

武姜開城門的那一天，萬軍騷動，莊公的心也像這城。門開了，兵來了，那城沾染了多少血跡，我不知道，只看到那血又黑又稠，手一碰馬上就發疼。然後我看到那血侵蝕過鄭莊公的皮膚、血管、血肉，都快深及骨髓了——難怪痛，而且痛澈心扉。鄭莊公的心被武姜闖開，裡頭佈滿的，是濃稠的毒血。本來鮮血是有生命、有脈動、有震撼的；而毒血卻佈滿了憤怒、哀傷、淒涼和殘酷，在他血管中汩汩流動。

鄭莊公從地道回來的那天，朝裡上上下下，無不說君王和太后其樂融融。

「你心裡有什麼感覺？」我又問。

他說：「或許，這是一個新的開始。」我疑惑，新的開始怎會帶給他如此沈重的眼神？

「是啊！或許，沒有開始，就沒有結束。」我走了。

夜半的時候，我看見武姜走到房間裡，輕輕為莊公蓋上被子，坐在床沿端詳著莊公的臉。我聽見莊公輕輕地抽搐，到最後變成了嚎啕大哭。他坐起來，激動得像是要把多年來的苦痛都噴散出來！

「為什麼多年來妳從來沒做過一件關心我的事情？我難過的時候，妳在哪裡？我受傷的時候，妳在哪裡？妳從來不曾看過我的眼神，但是弟弟的一切，妳卻小心翼翼地保護！妳知不知道妳把我應有的愛完全剝除掉？在妳的世界，我會凍死，因為我一無所有！」

那年大寒，雨雪紛飛，武姜走了。我和莊公看著她下葬。看著一剷一剷的土落下，我問他：「你母親奪走他對你的愛，也奪走了你對別人的愛嗎？」莊公的淚，從眼睛落到雪地，也落到從小到大的自己和武姜臉上。那淚水之清澈，不復憤怒和殘酷。那雪和兩張臉，都映著光。

那夜，我看見莊公去看他的母親。雪地裡，寒風刺骨，他把他的斗蓬解下，披在武姜的墳上。（張韶君）

以超現實的表現手法，利用故事每一個重要關鍵時與鄭莊公對話，鋪排出作者對其人的觀點，最後「鄭莊公因愛得到救贖、因愛化解傷痛」的處理很能牽動人心。

三、與共叔段的對話

怨願

其實你只是不甘淪為配角吧？共叔段。

其實你只是不願成為工具吧？共叔段。

其實，你才是最清醒的人吧？你早已看清你母親眼中只有你哥哥吧？看清他內心的不滿早已隨著時間的飛逝轉化成另一種形式，一種愛的形式。

（你以為別過頭去我就看不透你眼中的悲愴嗎？共叔段。）

你比誰都清楚，你的母親把她的怨懟投注在你哥身上，一點一滴，毫不留情。她卻忘了，沒有愛，哪有恨？當她發現她在不知不覺已不能沒有你哥時，她的愛已無法回收。如同你所見，她在賭氣，她戴上刁鑽苛刻甚至蠻橫無理的面具，捍衛她僅存的小小尊嚴，你知道的，那可笑的尊嚴。

（你以為轉過身去就不用面對現實嗎？共叔段。）

是啊！你是明白的，你只是她的工具，她手上的一顆棋子罷了！她藉著對你的寵愛向你哥示威：有媽疼的孩子才幸福！很愚蠢吧，但她成功了！你哥雖然表面上不動聲色，心裡卻在意得緊。他的雙眼看見你們愉悅的享受天倫之樂；他的耳朵聽見你們的歡笑耳語；他的鼻子聞到母親為你親手燉的雞湯；他的嘴巴嚐到他心裡面的苦澀；他的雙手緊握住他對母愛的深切渴望；他的雙腳踐踏著他一再重建卻又一再坍塌的自信……他是個母親不愛的孩子啊！

（你以為摀住耳朵就能逃避一切嗎？共叔段。）

沒錯，你的哥哥開始奮發向上，他要證明他的存在與他的價值。而你，依舊沉醉在虛假的母愛中，即使你心裡十分明白，你永遠不在母親的心中。你只能眼睜睜看著你哥登基，光芒四射，而你，仍是陰影下的配角，永不翻身的宿命。是的，我知道你不甘，我感覺得到你的顫抖。

（你在哭泣嗎？共叔段，請別哭泣，配角是沒有資格哭泣的。）

於是，你開始試著爭取眾人的目光，包括你既仰慕又嫉妒的哥哥。不擇任何手段，不計一切代價，你變得任性、驕縱、目中無人、無法無天，你只想和你的哥哥有同等的地位，你只希望你的面容能映照在母親和兄長的眼瞳中。你從不貪心的，我懂。

（你想知道我為何這麼清楚？我知道你曉得我為何這麼清楚，你只是不願回過身面對，我的共叔段。）

你從來就沒料到自己會有如此下場吧？你的掙扎成了你哥遷怒下的祭品。多麼可笑啊！即使在歷史的竹簡上，你依然是微不足道的配角，就像燃燒紙錢時四處飛散的其中一片灰燼，甚至連個污點都稱不上。你終究是一無所有的啊！配角是沒有資格擁有什麼的。

（我嘴角的嘲笑刺傷了你嗎？共叔段。挑開你的舊傷口，一向是我最愛的娛樂。在一旁看著你用淚水在自己的傷口上撒鹽，總能使我感受到血液逆流，直衝腦門的極致快感。）

看著我，共叔段。我將在鏡中目睹你灰飛湮滅的過程，喚取你爆散在空氣中帶有些許腥味的怨氣。就是這樣，用你憤恨的大眼瞪著我，將我輕蔑的笑臉烙在瞳孔上，我是你，共叔段，我最親愛的共叔段，我是你摻揉了所有情緒幻化而成的——自嘲。（林瑜芳）

奇特的切入點——共叔段與另一個自我，或者說表象的共叔段與真實的共叔段之對話，形成本文迥異於儕輩作品的風格，也建立了超越儕輩作品的藝術高度，值得肯定。

母子、兄弟三方因為缺乏良好互動，導致一齣政治與人倫的悲劇上演在昭昭史冊之上，〈鄭伯克段於鄢〉的三位核心人物既顛覆傳統，也震撼歷史，同學若能出以現代的思維與觀點加以省視反思，則必能對古文開創豐富的解讀空間。

在我們賦予歷史人物評價之際，其實正是自己價值觀點的具體呈現。現代家庭的親子關係不若傳統的單純明確，而漸趨複雜，此一作文設計，正希望同學藉古人的親情糾葛與人倫悲劇，反思自己與家人的相處互動，提煉出包容與諒解，喚起潛藏在內心的溫情與關愛。

夜空中璀璨的流星

——最短篇習作

隨著時代潮流對於精簡效率的要求，並適應現代人快速急促的節奏與不耐閱讀長篇的習慣，文字創作遂呈現出一種輕薄短小的趨勢，繼「極短篇」之後，發展出新型的文學樣式——「最短篇」。

有人說：「對那些揚言太忙，沒空看書的人來說，這是一份最好的禮物。對我們來說，這些故事就像文學薄餅一樣……垂涎欲滴。」沒錯，說的就是「最短篇」。

「最短篇」所描述的時空範圍極小，有時是側寫人生的深刻觀察，或僅是一個簡單的場景，但主題含蘊深遠，結局或幽默或驚悚或引人猜疑，總之都是出人意表，具備言有盡而意無窮的效果。「最短篇」份量雖小，但它的故事情節爆發力強，瞬間抓住讀者的目光，引發作者與讀者的共鳴，會心、感動、惆悵或震撼就在一剎那呼之欲出。

《聯合報》副刊曾以「奈米實驗」為號召，鼓勵大家嘗試短篇寫作，不管是一則啟發性的故事，或個人的生活心得抒發，在侷限範圍內，如何字字珠璣、營造何種氛圍，都考驗著寫作人尺寸拿捏的實力。

報刊徵文啟事可否帶進課堂實施？答案是肯定的！一般來說，因受限於時間，課堂上的作文課很少能有讓學生撰寫小說的機會，但為了增加習作的多樣性，並讓學生探索各種文類的寫作可能，筆者讓學生嘗試習作「最短篇」。

筆者不講理論，直接提供作品讓學生閱讀，並進行討論。如90年3月24日《聯合副刊》刊登的文章〈意外〉，篇幅短小，但角色、事件俱全，結局充滿各種可能，逗引讀者介入創思，表現手法高明。

看完第一小段後，令人不由得為娜絲芙擔心，由前文暗示，她想必與古克的前三任太太一樣既有錢又漂亮，會不會也遭遇同樣的下場呢？但第二段的「我的前任丈夫死於山難」使文章出現了戲劇性的轉折，原來她並不是省油的燈。本以為故事高潮就在此處戛然而止，而最後的「真慘」又留下一個耐人尋思的結局，或者說，一個開始。

「真慘」分別出自娜絲芙與馬諾之口，聯繫了兩個看似獨立其實密切相關的事件，這個故事的完整情節是古克以「意外」的佈局謀害了三個有錢又漂亮的太太，沒想到自己以同樣的「意外」狀況死於第四任太太娜絲芙之手。故事傳達出人物爾虞我詐的微妙關係，娜絲芙與馬諾婚姻的結果如何？接下來誰會發生「意外」？不得而知，充滿廣大的解讀空間。

本文的情境營造層層推進，一層比一層更富張力和懸疑感，撲朔迷離的轉折給人無限的想像空間，且又帶有黑色幽默的趣味，很適合提供學生閱讀並練習賞析。在我們的課程中，學生少有機會接觸外國現代文學，以這篇現成文章為素材，筆者和學生相偕走進了另一個文學欣賞的桃花源。

此外，王怡心老師提供了若干則中外「最短篇」精選作品以為啟迪思緒、激發靈感之用。作品題材從死亡、愛情、社會現實、網路現象到文學創品的延伸，包羅萬象，以最精要簡練的篇幅濃縮了文學的智慧與人生的切面，閱讀之後，學生便進行創作。

創作前，筆者提醒同學：「最短篇」是一種文學創作，故須把握其文學性，避免流於笑話的模式或是以文字呈現四格漫畫的型態。

不可諱言，在同學的作品中，頗多缺乏創意，有些情節（例如凶惡殘酷的廝殺，其實是打蚊子或蟑螂；期待已久的約會，結果對方是家人；各種令人震撼或想入非非的場面，結果是演戲或作白日夢）與電影、電視、漫畫或其他作品頗多相似之處，即使不是抄襲，亦難以稱為自出機杼。

這一次的作品評鑑，分成三階段進行，由筆者擔任初選，同學參與複選與決選。同學繳了作業，筆者評閱之後，從兩班約九十篇作品中選出十多篇較為出色的，打印成講義，不公佈作者姓名，再請全體同學進行複選和決選。

以下便是初選入圍的作品：

愛迪生的新寶貝

經過無數小時的煎熬，愛迪生大聲宣佈：「我成功了。」耗費了無數工作天，終於完成這全世界獨一無二、最輕、最小、最完美的寶貝，這是愛迪生這一輩子最大的突破！他忍不住掉下淚來，又發狂似地大聲歡呼，助手紛紛給他一個大擁抱。

「先生，你的兒子是早產兒。還有，請不要喧嘩，好嗎？」護士小姐狠狠地瞪了他一眼。（劉沛欣）

螳螂捕蟬

螳螂張牙舞爪地朝蟬撲來，蟬機警地說：「你身後有麻雀！」螳螂笑了笑說：「老兄，我們已經在牠的胃袋裡了。」（陳彥榕）

密室

兩扇沈重的巨石堵住最後一絲光線，身旁是直立了千年的木乃伊，連聖甲蟲都靜肅不語。悶熱、寂靜，在窒息前一刻，埃及古書扭曲的象形文字指引方向，一道劃破黑暗的強光射入眼前——

叮！五樓到了。（石宜真）

棋子

科學家滿意地看著他的完美成品——一個他從手下竊取的複製基因，現在已長成活蹦亂跳的孩子。這十年裡，他被洗腦，以報復最為唯一目標，卻不知道他要報復的對象是與他流著同樣血液的人。

突然有人發笑。

原來是天神在天庭對弈。（張韶君）

戀人

我看著他，眼中是深深的愛戀，發現他也濃情蜜意地凝望著我。

我有些害臊，伸手順了一下頭髮，在他面前可不能邋遢；他也撥了撥他的頭髮，在我面前，他永遠是那麼完美。整個世界彷彿只剩下我倆，我們彼此相視，不在乎天崩地裂或山洪海嘯，我們就這樣一直相視相守……

「現在是上課時間，你照鏡子要照到何年何月！」老師大吼。（廖珮暄）

第一次

這是她的第一次，她從未想到是如此慘痛。眼前這個陌生男子竟然觸碰著她的私密，天啊……多麼不堪！隨著驚濤駭浪的痛楚，她哭喊出聲；而他，卻露出勝利的微笑……

「恭喜你，是個健康的男嬰！」醫生把嬰兒抱向她的懷中。（陳韋玲）

愉快的下午

一天下午，小威的前女友突然來電，提議去喝下午茶。小威以為她已經走出被拋棄的陰影，願意和他保持朋友關係，便答應她的邀約。

他們踏入餐廳，小威感受到其他女客頻頻注視的眼光，心中愉快極了，直到他們坐定，準備點餐，他看到菜單旁邊的一行字：祝妳和妳的寵物用餐愉快！（郭育辰）

電子情人

他每天晚上都會定時上網站，我從沒遇過這麼了解我的人。我們一見如故，他有耐心，忍受我的抱怨，好希望能見到他。

幾天前我告訴他（而且只告訴他一個人），我希望生日禮物是一隻泰迪熊。今天就是我生日了，打開電腦，心跳得好快，啊！他不在線上，怎麼可能？他應該要向我說生日快樂的。

就在我眼淚即將掉下時，爸爸從書房走出，帶著一絲神秘的微笑，手上抱著一隻泰迪熊，說：「女兒，生日快樂！」（施佩宜）

放棄

她說：「或許每個人的心裡都有一方他人觸及不了的空間，如同我永遠無法到達你的。如今我太累、太辛苦，已不想做無謂的追尋。」

他的眼神由失意轉為黯然，緩緩地，他說：「真的要放棄？只要我們雙方多做些改變，或許還有轉圜餘地！」

她說：「不了，我確信我們的未來是無解，我打不破我們之間的奧壘。」

他搖搖頭，吐出深深的嘆息：「好吧！」助教收拾好東西，轉身踅出教室。那疊資料最上面是一張「課程退選同意書——科目：高等微積分」。（李昕頤）

擔心

男人站在門前，拉了拉襯衫，仔細從身上挑起兩根長長的髮絲。提心吊膽地打開大門，屋內一片漆黑，「噢！今天是上大夜班吧！」鬆懈下來的男人躺到床上，沈沈睡去……

早上醒來，女人還沒回來，男人煮了咖啡，作了份三明治，一整天攤在沙發裡無聊地按著電視遙控器，他逐漸焦躁起來。「啊！」突然像是想到了什麼似的，衝到衣櫃前一開，瞬即頹喪地跌坐在地上……

男人再也不用擔心了。（李祐寧）

祈禱

「上帝，為何我的皮膚這麼黑？」

「孩子，那是為了讓你在烈日下不被灼傷，也使你在追捕獵物時，不被輕易地發現。」

「上帝，那為何我的毛髮是鬈曲的？」

「孩子，那是為了使你在樹叢間奔跑時，不會被路旁的細枝勾到。」

「感謝您，上帝。但為什麼要讓我出生在美國？」（梁雅玲）

風波

「這真是再荒謬不過了！她怎麼可以為了這種小事跟我生氣？」瞳在信紙上寫下由憤怒組合成的字句，她要跟她絕交。

「我以為她會懂！結果她竟然用那種話說我！」淇拿起話筒，她發誓自此以後，再也不跟她講話。

信被封口，電話「嘟、嘟」地響著。

桌墊下、電話旁，放的是同一張照片。

「嗨！」她們在老地方對彼此微笑。（許恆慈）

複選階段，分由兩班同學就先行選出的十多篇作品進行投票，每人兩票，產生最高票數的五篇；再就這五篇進行決選，每人一票，選出她們認定最好的一篇。

結果非常巧合，兩個班分別進行票選，想來是英雄所見略同，獲得評價最高的是同一篇——陳彥榕的〈螳螂捕蟬〉，的確，本篇從成語衍生出情節，篇幅短小而精悍有力，語意無窮。

廖珮暄〈戀人〉也頗受同學青睞，同時躋身兩班同學票選的前五名排行榜上。本文前半段極力鋪敘的濃情蜜意，在老師的大吼聲中全然破滅，原來是主人翁在照鏡子，情節逆轉，令人啞然失笑。上課照鏡子，是女生非常熟悉的經驗，雖是小小的違規，但以文學的筆法呈現，故而引發熱烈迴響。

而筆者個人非常欣賞的還有張韶君的〈棋子〉，科學家自以為操控了別人的命運，殊不知自己也可能是別人棋譜上的一枚棋子，反映了人生的荒謬與弔詭，令人聯想到米蘭·昆德拉的名句：「人類一思考，上帝就發笑」，是非常有思考深度的作品。

此外是許恆慈的〈風波〉，這篇作品的特色在於解讀空間甚廣，充滿各種可能，在課堂上，筆者和同學就分別提出好幾種不同的意涵。首先是瞳和淇兩個女孩子為何吵架？其他的事呢？與照片有沒有關係？「信被封口，電話『嘟、嘟』地響著」究竟信寄出去、電話打通了嗎？「同一張照片」是誰的照片？她們的合照？還是一個男孩子的照片？「她們在老地方對彼此微笑」，是因為看到過去兩人合照而軟化了呢？還是壓抑內心情緒與對方繼續交往？如果是這樣，她們之間是否遲早一定會再爆發激烈的爭吵？如果她們發現彼此與同一個男孩交往，結果又將會如何？各種可能性都指出「風波不斷」的結果，正呼應了題目。

石宜真的〈密室〉一篇雖乏情節的懸疑與變化，但文字描寫及氛圍營造甚有特色，展現剎那的想像力火花，令人驚艷。

當然，並不是每個人都喜歡與擅長這種「麻雀雖小，五臟俱全」的文字表現模式。少數人以現在流行的腦筋急轉彎模式行文，乍看有趣，一旦深入便覺得缺乏雋永情味；有的作品則不知所云，或者流於平鋪直敘，缺乏故事張力與文學美感。當然，也有的同學對某些作品無法心領神會，完全不能捕捉「最短篇」這種文類的精彩機趣。

容許同學的思維不夠深刻特殊、筆法不夠老練成熟，或者取材與其他作品有所雷同，畢竟這是第一次的嘗試。不管寫得好不好，所閱讀的「最短篇」作品猶如夜空中一閃而過的璀璨流星，瞬間綻放的熠熠光輝已在她們腦海中定格為永恆的風景。

刀鑊鍋爐間的魔法術

——談「飲食文學」的閱讀與寫作

壹、緣起

一口浸在花茶中的瑪德蓮小蛋糕，帶來一種傳遍全身的美妙歡愉，普魯斯特在《追憶逝水年華》中描述味覺喚醒了內心深處的回憶，所以他說：「味道和美味難以捉摸，卻恆久真實，堅持著記憶、等待與盼望。」

而詩人焦桐也認為「飲食不僅僅是一種止饑解渴的目的，還是一種審美的感受。吃，不只是為了果腹而已，食物的滋味亦是人生況味！」

讓我們更加肯定，食物的色香味聲經過味蕾的跳躍舞動，帶來的飽漲與亢奮不只滿足耳眼鼻口腸胃，更能化作心靈的幸福。原來，與可口食物一併吞嚥下肚的心情故事，已提煉出生命中的永恆之味。

貳、主題式閱讀與寫作設計

最近因同事介紹，筆者購置了一套由北京大學中文系教授指導規劃的《課外閱讀週計劃》，共計高一上至高三下六冊。一冊安排十六週課程，每週訂定一個主題，介紹一位名家（主要是文學家與藝術家），選擇近代中外作品共五篇（含本文及賞析）提供學生逐日閱讀，週末並附有閱讀研討與綜合能力訓練。

例如《課外閱讀週計劃．高一上》第一週，安排的主題是「中國人，你為什麼不生氣」，介紹的作家是魯迅，閱讀的五篇文章分別是張承志〈致先生書〉、魯迅〈十四年的「讀經」〉、龍應台〈中國人，你為什麼不生氣〉、賈平凹〈閒人〉及法國作家阿蘭．佩雷菲特的〈法蘭西病〉。

如此兼具深度與廣度的閱讀設計令我們咋舌，但此非本文重點，先按下不表。筆者所要講的是，這套書給予我關於「主題式閱讀與寫作設計」的思考。

經由《課外閱讀週計劃》套書的啟發，筆者嘗試開發「主題式的閱讀與寫作設計」的可能。這是在一個基礎點上作輻射式的擴散，希冀學生的閱讀觸角能伸得更遠，並從多方的閱讀中有所體悟領會，加以整合之後，成為自己提筆寫作的養分。

以下便是筆者以「飲食文學」為主題所作的閱讀與寫作設計。

參、「飲食文學」的閱讀與寫作

俗諺：「民以食為天」與「吃飯皇帝大」，指出「吃」在我們日常生活中佔有極重要的地位。對中國人而言，「吃」不僅止於肚腹飽足，也形成一門藝術、一種文化。近年來，「飲食」更成為書寫的主題，使庖廚之事躋身文學之林，這是既生活化又充滿趣味、人人熟悉異常的主題，應該很能引發學生參與的興致。

一、精讀〈第九味〉

第三屆全國大專學生文學獎散文組首獎——徐國能〈第九味〉，是「飲食文學」中極富餘味的一篇，本文描繪一位在吃藝辨味方面具特殊能力的曾先生，因為他天賦異秉，為作者家所開設的餐館「健樂園」帶來輝煌興盛；但又因他好賭誤事，使得餐廳倒閉，自己也遠走澎湖躲債，而人世間的滄桑也就在作者鋪展情節之際娓娓道出。

本文題為「第九味」，而文中卻只提到甜、辣、鹹、苦、酸、澀、腥、沖八味，始終沒有明確指出第九味的真義，如此一來，就留出非常廣闊的思考空間，讓讀者體會何為第九味。

第九味是什麼？學生閱讀過本文，紛紛提出她們的看法，頗有些高明的見解，整理臚列如下：

1.感官層次

1.八味適當搭配、融合得宜、相輔相成之後的整體味覺感受。

2.高明廚師對八味瞭如指掌而後創造出來屬於自己風格，且讓食客口中品嚐到的美味。

3.吃東西的趣味。不只品嚐味道，也能欣賞食物的色、香，使視覺、嗅覺、味覺都能達到一種享受。

2.心理感覺

1.是一種「虛」味，藉由慢慢品嚐食物領略出來關於食物的道理或對食物的感覺。

2.是無味，這種味道不能只用嘴嚐，必須用心品味。

3.是形而上的、抽象的味，亦即當食物入口時形成的心理反應，或愉悅、或苦澀、或哀傷、或平靜，與個人本身對食材的連結、當時的情緒、心境等有極大關係。

4.能品嚐出主味、賓味調和的淋漓盡致之味，就是第九味。飽足後迴盪於胸中之餘味，令人回味不絕。

5.是一種心理感覺，用來體會廚師做菜心血及感情的滋味。

6.食之味，是能粗辨味者；心之味，是真正入味者。第九味，是唯一不以吃入味的。

7.能嚐出第九味，得要累積足夠的經驗，具備獨到的見解，方能頓覺其滿溢於體，更甚者能懷感恩的心。

3.人生滋味

1.由曾先生的境遇，作者感嘆「成出之於己，敗亦出之於己」，人生難以預料、人世變化無常，正是說不出的第九味。

2.第九味就是人生滋味，人生滋味因人而異，故曾先生自難妄下定論何為第九味。

3.是各種經歷帶給人的體會和感受，不屬主味，亦非偏味，卻是佔著決定性味道的重要角色。雖然口所嚐為實物，心中所感受的，卻多是第九味所決定，舉常見一例：感受愛情甜美，便連粗茶淡飯也香甜。

4.前八味是感官味覺的，第九味是人生遇到的波折起伏，嚐盡前八味的歷練感受到的。

4.人生哲理

1.曾先生依主味偏味互補，各味特性排出好筵席，使作者體會生命圓融和諧的道理。

2.第九味是最高明的味道，誠如人生也有酸甜苦辣，真正懂得人生、能辨其真味者，才是最高明的。

3.四種正味、四種賓味像是性格不同的人，第九味是我們與這些人相處、經歷世事後的感覺。

4.真正經歷磨練的人，能從虛無中體會人生的哲理，如大和尚喝水。水的味道在感官中是無味，但在心裡是最好的滋味，因為平凡是真正的幸福，這就是第九味的真諦。

豐盛美好的食物令感官飽饜，深刻動人的文章亦令心靈滿足，徐國能的〈第九味〉是一篇值得品味的作品。

二、欣賞〈食客之歌〉

食客之歌　余光中

如果菜單

夢幻

像詩歌

那麼帳單
清醒

像散文

而小費呢
吝嗇
像稿費

食物中毒
嘔吧
像批評

84.10.8

詩人餐桌上即興的靈光一現，將用餐與文類結合成詩，學生都覺得有趣極了。當然，這首詩同時是作者文學觀的宣示。

三、延伸閱讀《飲膳札記》

林文月的《飲膳札記》一共收錄十九篇文章，都是有關庖廚之事，每篇文章也提供了一份食譜，作者完成一道豐美的菜餚，視覺與味覺的盛宴即在讀者心中上菜，讓讀者在文字神遊中順便享受口腹之慾。全書看似集中在平凡瑣碎的人間煙火，卻能不淪於柴米油鹽之庸俗，作者做菜像做學問一樣，都在追求細緻唯美的藝術境界。

從構思、作料的採購，到佳餚的呈現，每一個步驟都蘊藏了作者慢工出細活的用心。而每篇文章的背後，更點染了濃郁的情感色彩，容納鄉情、親情、師生之情與友情。每一道菜餚、每一份食譜、每一篇文章，都飽含無數人事聚散的甜美與感傷之記憶，同時完成了味覺與心靈的追尋創造。

四、「美食之旅」報告說明

在過去任教的學校，筆者曾經利用期中考剛考完的時間，設計一次「美食之旅」的報告，讓學生結合郊遊聯誼、品嚐美食與文學書寫。

報告的主題是介紹一種風味小吃，內容包括：何地、特色、材料、製作過程、品味方式、成品圖片或照片或其他相關紀念品、選擇該項美食的理由、相關典故或心情故事、評論、經驗分享……。

恰好當時課本選錄林文月〈蘿蔔糕〉，配合課文實施，可謂合宜。一組一組學生繳交作業，發現他們都很開心地完成這份作業，可以名正言順地去吃去玩。其中，筆者印象最深刻的一組選擇的美食是「外婆親手做的滷肉飯」。

一位從小吃外婆親手所做滷肉飯長大的同學將整組人馬帶至外婆家，慈祥好客的外婆親手備置了滿桌佳餚饗客，同學們大快朵頤，其中當然少不了要饕餮一番那位同學口中「全世界最好吃」的滷肉飯。

那份報告，平常並不善於文字表達的大男生寫道：

我從很小至上幼稚園前，都是由外婆照顧的，幾乎每天都吃外婆做的滷肉飯，卻百吃不膩——這也奠定了我至今身高一八五、體重八十多的雄壯基礎。

長大後不再住外婆家，和同學逛街或補習趕時間，也常吃不同店家所做的滷肉飯，其中還包括很多知名老店，但我總覺得他們的味道都不如外婆做的。

後來，我才想到，外婆做的滷肉飯之所以那麼好吃，不只是她那多年老師傅的手藝的確高明，更是因為她加進無限的愛心和關懷，想想，這份特殊的調味料有哪家店的獨傳秘方或烹調技術可以比得上呢？

文字樸拙，情感卻深摯，我覺得這一段文字與「飲食文學」的佳構頻率甚為相近。

五、飲食寫作之寫作策略

以「飲食文學」為主題，寫作時可掌握下列要點：

(1)寫作思考——為不淪於「食譜文學化」，寫作時必須釐清食物是媒介，真正的重點是蘊藏於其中情感或哲思，故下筆前要細心選擇題材以表現主題，經由設計、琢磨、沉澱而使意念藝術化呈現。

(2)寫作技巧——選取焦點之後，或馳騁想像、或以擬人譬喻排比等修辭技巧，並兼顧視覺、味覺、嗅覺、聽覺、觸覺等感官的描寫，及心靈的感覺。

(3)內容深度——平凡的事物有時具有動人的美感，給予人更貼心的慰藉。飲食有時與回憶中最深刻的感動有關，需捕捉場景氣氛，表現獨特的體會感受或是生命中的永恆。

六、飲食寫作佳作作品

1. 期盼

(1)餓過方知味美——飢餓難忍、飽受煎熬的過程

幸福拉麵

經過八小時的等待，終於下課鐘響起。早在一小時又二十分前，我的肚皮鼓就已不爭氣地敲打著規律的節奏，鼕鼕、鼕鼕……，那一聲聲的鼓響敲擊腸胃、敲動神經、敲進心坎，我高高舉起白旗向敵人投降。

走在人潮來來往往的街道，我飢腸轆轆，只憑藉著一股吃東西的慾望支撐虛軟的身軀，最後我選擇份量多、價格又實惠的拉麵來祭我的五臟廟。走進店裡，點餐，等待，當時陣陣醬油香撲襲而來，空氣中充滿著味噌的甜味，細胞的飢渴忍耐度到達臨界點……。豚骨拉麵來了，不知是不是餓昏頭，此時此刻，我彷彿看到這碗麵發出耀眼的光芒，噢！是「幸福」在招喚我。（林家妏）

(2)貪婪的胃、失控的心——急切不耐的等待

懷想粽香

那雙手配合著指縫有節奏的開合，熟練地將粽葉一片片洗淨，先以不刺眼的火候細細燉煮豬肉，再將油蔥與糯米下鍋，拌炒至入色。這樣的大工程，使鍋爐間霎時瀰漫著欲拒還迎的香味。

我的腦神經不禁被那邪惡的嗅覺系統所控制，我無法停止想侵犯那一桌食材的念頭，在被長輩嚇止的同時，我開始對瘋狂攫吸那香味的抽油煙機起了妒心，你看它放肆的竊笑，叫我怎能不咬牙切齒？（陳思云）

案：本篇描述急切渴望大快朵頤的心思幾近失控，竟然「嫉妒」起「抽油煙機」得以飽嚐香味，異想天開，令人讚嘆。

2.食材白描：還原桌上佳餚的本來面貌——吃什麼呢？對食材的描繪

饗宴

有一種海洋生物，當漁夫把牠捕捉上岸，牠會發怒地夾傷漁夫的手；當廚師把牠丟

到滾滾的熱水之中，牠會發出無言的抗議，把整個身體漲得通紅——牠就是螃蟹。但我們才不管牠生氣與否，每每牠橫躺在雕花盤子上被端出來時，各個食客都迫不及待地剝下牠們的殼，大啖白皙香甜的蟹肉。

當我把蟹腿放進嘴裡，頓時之間，彷彿波濤洶湧的海水拍打我的舌頭，也彷彿蟹腿正使勁地踢我的味蕾，美味得令人無法言喻。（蔡家宜）

3.烹煮過程

(1)廚房完美的演出——烹飪如同音樂、繪畫、舞蹈等藝術創作

喧囂的寧靜

烹調時，我們掌握每一秒的節奏，好似隨著奔騰的水蒸氣音符翩然起舞，希望能演出一場成功的多重奏。手中的刀鏟是指揮棒，鍋爐和素材是手中彈奏的樂器，我們希冀每一種樂器能在一派和諧中展露自我獨特的風味與口感。

……樂曲流程進行順暢，到了複雜的章節了，要格外留心。勾芡，是最需要細膩心思和輕巧動作的一個步驟，只要一閃神，整鍋咖哩就少了一縷真氣，就像在畫水墨畫時，原本的圖象是高明的驚嘆，那飽蘸墨水的狼毫揮灑出道勁有力的線條，卻在即將大

功告成之際，一顆過於稀釋的墨珠啃蝕了宣紙，在紙上留下抹滅不去的錯誤。（李昕頤）

夕陽西下

他那雙粗壯無比的胳膊像隨著音樂節奏彼此起落的綵球，帶動了鐵板燒上喧騰的氣氛。啦啦隊演出開始，他向後一仰，原本純白無瑕的米飯隨蝦仁的韻律躍動起來，蔥花，早已恣意狂舞，激起在旁心如止水的青菜一波又一波的讚嘆，忍不住也扭動身軀，與之共舞！等到他以交叉的手勢終結這段獨創舞步時，所有佐料把握最後的時間一個接一個躍入隊伍中，疊起一層層高塔，以團結美妙的姿態定格！（林伽容）

金黃色幸福

趁著放它變涼的空檔，不斷發出饑渴喘息的熱油大聲呼喚我手上排列整齊、血氣方剛的香菇丁，將一巴掌小英雄擲入鍋中展現自我，我快速翻動鍋鏟下精神抖擻的深褐色小人，任他們恣意唱出不規律的雄壯歌聲。為了成人之美，我讓一群苗條瘦削的薑絲女郎和他們共創美好將來，半晌，一小盤陰陽調和的餡料加上既濃又醇且香的黑色黏稠膏狀醬油，一次成就多對姻緣的成就感便成了想像付諸現實的喜悅。（許恆慈）

舞蹈與魔法的結合

媽媽是魔術師，洋菜粉是媽媽的魔法棒，鍋子是暗箱，而我則是看秀的觀眾，不管放進暗箱的是可爾必思、鮮奶，還是綜合水果，我都會趁魔術師不注意的時候，偷偷打開鍋蓋，迅速地眼手並用，一瞄一嚐這神秘魔法的奧妙。

我常望著媽媽拿大湯匙搖呀搖的手和鍋子轉呀轉的漩渦，望到彷彿自己跳起舞來，邊跳邊想像腳下是甜甜的彈簧床。……令媽媽苦惱的是，我們家的果凍不管是什麼口味，端出來總是像喀斯特地形般，由高原溶蝕成低地。兇手很容易抓到，那張佯裝無辜的臉孔上心虛詭異的笑不論我怎麼擦也擦不掉，好吧，我是主謀，但妹妹是共犯，我們合演了一齣瞞不過天也瞞不過地的戲碼。（陳彥榕）

極品

小阿姨將麵粉和蛋汁混合後，倒在大桌子上，那是張米白色的彈簧床，如果我是空氣中的灰塵，就絕對不會錯過在上面試試彈力的機會。而剛煮好的熱鳳梨餡躺在鍋裡，也不甘寂寞的發出陣陣熱情的南洋風味，一股海風襲來，海鷗在頭頂放肆的盤旋，彷彿看見兩位島民悠閒的在椰子樹下，彈著吉他跳著森巴。趁餡新鮮，快速包入方才做好的麵皮中。一個個鳳梨酥細緻精巧，只等待它們從烤箱中出來的那一刻。

呆坐在烤箱前，香味猛衝鼻孔，力道強勁得讓人快跌倒，沒等它們出爐，我早已薰死在這美妙的氣氛中。

寫不出吃第一口的感覺，那是一種很高的境界……鳳梨香和小阿姨雙手的溫度揉雜著一種獨特的風味……。（陳儷文）

(2)難忘的記憶——小女生與瓦斯爐的第一次接觸

甜膩的友情

妳們決定要製作糖果，……廚房裡，鬧著誰該開瓦斯爐？畢竟妳們才八歲，還是怕火的年齡。十分鐘後，終於有人肯獻出她的第一次，妳們懷著「我的精神於妳同在」的眼神慢慢退到廚房門口，她則以「身負重任」的腳步緩緩朝瓦斯爐移進。「啪！」橘紅的火焰竄出來，大家驚呼一聲：「妳真勇敢！」又開始接下來的工作。（張蕙欣）

(3)美味的代價——不是扮家家酒，而是玩真的

好雞

烹調這鍋蒜頭雞的準備工作很麻煩，包括了我們這些小毛頭愛玩的項目——剝蒜頭。阿嬤把蒜頭切掉一小截，然後我們剝皮。這對小孩來說，可是重責大任！要專注仔細，不留一點瑕疵，有時還比賽看誰剝得快、剝得多，我這輩子可沒幾次能那麼樂在工作呢！只是剝完之後，指縫裡遺留著濃濃的蒜味，而且刺激著指頭隱隱作痛。

我們在浴室中推擠著猛搓肥皂，卻怎樣也沖不淡蒜味，這個「損失」，只能靠阿嬤

煮蒜頭雞之後大快朵頤才能彌補……（張芷瑋）

4.品味美食

(1)我吃？抑或我被食物攻佔？——食物成為「吃」這個儀式中的主動操控者

生日蛋糕

每年生日，最期待的不是收到各種希奇古怪的禮物或卡片，而是跟媽媽一起去蛋糕店選蛋糕。每一年，我都發下宏願，一定要買一個最華麗、最特別、最好吃的蛋糕，拜現代蛋糕師傅的手工和創意的無限發揮，幾乎年年如願。

今年的蛋糕，是媽媽和弟弟私下幫我買的，他們深知我的個性——最討厭和大家做一樣的事，於是多方尋找，買了一個真的很奇異的蛋糕。沒有水果拼盤的裝飾，也不是全身貼滿巧克力片，更不是奶油擠成一朵朵玫瑰花，而是將奶油一撮撮束起，覆滿了整個蛋糕，此外便無任何裝飾，遠看像個榴槤，榴槤聽起來不怎麼高級，若說像流星槌的槌頭，那就很酷了吧！

……

蛋糕鬆軟地伸了個懶腰，甦醒過來，喚起全身的美味，開始攻擊我的味覺。我首先感受到冰淇淋刺骨的銳牙咬住我舌頭每根神經；緊接著奶油以白霧輕攏大地的姿態，迷昏了我的視覺；在我兵荒馬亂之際，滑嫩的布丁以迅雷不及掩耳的勢道，直接攻入我的食道，讓我用瞬間的回憶去馳騁它的鬆軟、去重塑它的美味。（王亭文）

(2)無上的幸福——心靈、感官與全身每一個細胞共品味

碗中的夕陽

土耳其黃的麻油浮在酒水上，圓潤的蛋包浮在麻油中，彷彿晚霞包圍著夕陽，是結束瞬間的感動；薄得透明的蛋白包覆著金黃色的蛋黃，好似含苞待放的花朵，是開始頃刻的喜悅。

我端起碗公，深吸一口麻油的香氣，感覺那股香氣充滿全身每一個細胞。啜飲一口湯，熱湯通過咽喉滑入食道，沿途撞擊我每一吋肌肉，熱意從胃蔓延至全身，那股溫暖如同嬉鬧的孩童在血管中奔跑跳躍，我不禁跟著振奮了起來。舀起那顆蛋包，緩慢珍惜地咬了一口，滑嫩的蛋白和鬆綿的蛋黃在我口中融為一體（想像自己坐在鬆軟的扶手椅中，看著舞台上的舞者成雙成對的踩著優雅的舞步，華爾滋的旋律在昏黃燈光的照射下流洩一地）。再舀一片豬肝，夾著老薑絲，豬肝特有的肉香味混含著酥麻微辣的薑味在我口中從舌尖擴散至整個口腔（此時，舞台一暗，刺眼的燈光重新亮起，我站在舞台中

央和舞者們一起跳著熱情有勁的森巴，五彩的旋轉燈讓空間無限絢爛）。滿足沿著經脈滲透至筋骨，沿著肌腱上升至皮膚，凝聚唇片間發出一聲喟嘆……。（林瑜芳）

珍味

我小心翼翼捧起一個，沁涼的麵粉香飄近鼻腔，輕輕拼出一個意念：「吃了我吧！」於是，我閉上雙眼張開大口，將美味慢慢送進嘴中；再一咬，讓我的嘴唇和那皮完全緊密貼合，牙齒感受到的，是前所未有的奇妙——柔軟，我感覺我在新洗的棉被中翻滾，不！是雲朵，我在雲間穿梭，來往的雲兒輕拂我的肌膚……。

張開雙眼，我手中那未咬的一半，出現了一個完美的剖面，細薄不到0.1公分的外皮，中間包著的半顆草莓隨著白色鮮奶油滑出，那雪白中的粉嫩淡紅，讓我感受到一種幸福……。回過神後，我開始細細品嚐口中的柔軟，一點一滴吸收草莓和奶油交織成的特殊口感，美味從口中溢往全身，隨著神經慢慢通達至全身末梢，麻木已久的脈絡得到真氣灌注，重新活了起來；枯槁的身體組織受到神奇的滋潤，又有了動能。全身上下無一處不通暢，五臟四肢無一處不伏貼，就是聽了王小玉新鶯乳燕的說書也不及我現在心曠神怡的痛快；就是吃了史上最年輕特級廚師小當家的魔幻美食，也不及我現在飄飄然若仙的妙境……。（張瑋）

啜一口甘醇

仍舊無法忘懷那份記憶中的甘甜——貓空山上的好茶，是如此的清晰又香醇。一口口入胃後傳來的苦澀，再轉化成喉舌觸到的悸動，細嚐回味後才可隱約感到身入仙境般的飄然，甜美到渾然忘我之時，又是恍然大悟般的另一種暢快，在忘我的這一刻，我臨風遨翔、心寧如止水。（黃詩婷）

永遠的幸福

我選了「香檸水果慕斯蛋糕」，彷彿看見一個披著黃綠色洋裝的少女，夏日的午後，在吹著溫暖微風的草地上站著，從她的髮間聞到果香……。我狠下心切下一小塊放入嘴裡，閉著眼感受那酸甜合度的完美口感，太美好了，隨著味蕾的感覺而感動，令我久久不願吞下。蛋糕滑落腹內，我重新感覺它的存在，發現它已不是方才的它，它昇華成一種新的形態，是一種……幸福。沒錯，正是幸福。（張瑋芩）

忘不了的香甜

輕輕咬下一口，甜而不膩，這種口感真是棒極了！不要覺得花生和巧克力和在一起吃很噁心，相反的，比例適當，就能突顯雙方的味道，讓人每一口咬下去不只是有幸福的感覺，就像到了天堂一般的愉悅，很容易讓人一口接著一口吃不停。（梁雅玲）

那一盤媽媽的泡菜

一波波的酸辣在舌尖澎湃，味蕾瞬間綻放成一朵朵辣紅的浪花，高潮後，隨之而來的是一種熟悉的味道，是出自媽媽手中特有的口味，就像初生的嬰兒總認得母親的香味一樣，我嚐上一口便可知曉，這是媽媽親手做的韓式泡菜。（陳韋玲）

滿足的滋味

當滿滿的拉麵只剩下一口時，我突然感到四周頓時靜止，好像每個人都在等待這一刻。我將碗高高舉起，喝完最後的一口，大家同時為我鼓掌喝采，音樂響起，周圍一群人隨著音樂起舞。我彷彿飛到九霄雲外再回來，說不出的滋味反映成吃完拉麵後發出的一聲讚嘆！（陳怡潔）

麻油雞大餐

今天晚餐是麻油雞，那濃郁的米酒香，光用聞的就叫我心醉。趁媽媽不注意時偷喝了一口，雖然燙嘴，但是，肥嫩美味的雞加上香甜的枸杞放入米酒內燉煮，剎那間，舌尖感受到的酥麻在全身上下亂竄，體內緊繃的神經全部放鬆，血脈筋絡頓時暢通，身上每一處毛細孔都在張著大口呼吸，就好比置身於四十度高溫的炎熱夏季，將全身沒入水中，感覺舒暢非常。（鍾奕涵）

迷戀

那炒麵持續發光。香Q帶勁的麵條，按捺不住興奮的情緒，在我的舌尖跳起踢踏；觸動了味蕾，也不禁舞起芭蕾。一陣陣奇怪卻又和諧的節奏，引發全身共鳴，我衷心地感受這動人的樂章。碗中的蝦是鮮嫩欲滴的紅，我細心品嚐，領略那股澎湃的感覺，宛若回到了蝦的故鄉——海洋，凝視著那滾滾浪濤激烈地衝撞岩石，就如同那蝦的甜美滋味衝撞我心，久久無法從中抽離。（林立庭）

原味覺醒

拿起玉米，我總是像土撥鼠一樣，依序的從左啃到右，玉米外的薄膜也不放過，在脣齒間咀嚼的剎那，就像是跳豆般的充滿活力，澱粉和唾液綜合出的甜味，成為不停啃食的動力。（徐志寧）

生命中不能抗拒之美味

冬天，循著空氣中的香味，鼻子帶領我走向廚房，眼睛如盯上獵物的老鷹般直勾勾鎖住在透明鍋蓋下騷動不安的食材，它們盡情啜飲甜美的牛肉湯汁，變得和牛肉湯的顏色差不多還不肯罷休。小火熬煮，氣泡衝破湯面的剝剝聲，猶如世上最美妙的音樂傳入耳中，刺激大腦在舌尖模擬出幾近真實的味覺。（張書怡）

盒裝的幸福滋味

無情的熱浪眼紅，忌妒我那麼快樂，持續地強力放送熱量。第一口冰，我小心翼翼地含著，涼透心脾的舒暢，彷彿我是通曉心靜自然涼的一代禪師，無須后羿射下九顆太陽，也能宛若置身在黃山山林間那般地逍遙自在。潔靜無瑕的香草白，西方極樂天堂的一塊淨土，就這樣被我呵護著；混著濃郁的奶香，舌尖覆蓋了一層白雪，是用乳牛的汁液去澆灌，慢慢、慢慢地，融化的雪水灌溉了我不曾荒蕪的心田，永遠地綠意盎然，生生不息。（陳威風）

千年一碗

闔上眼，幻想著眼前正有那麼一碗等了千年萬年的陽春麵。……點綴在旁的小白菜和蛋花，讓整個畫面如同一幅精緻山水圖一般，引人入勝。拋開欣賞山水的閒情，我將麵條往口裡送，倏地，五覺化為一覺，全身上下的神經似乎登麻痺了，除了味覺。我小心翼翼地咀嚼，深怕錯過了享受每一種食材在口中幻化的各種滋味。滑溜溜的麵條配上鹹淡得宜的清湯，香嫩蛋花配上爽口青蔬，在我嘴裡演奏出和諧華麗的巴洛克交響曲，傳到每根神經末梢。

……睜開眼，如同從餿水桶撿回來的陳年課本面對著我，似乎想對我說，它也很美味。（陳思潔）

漢堡

口腔裡滿溢的汁液驅使我立刻打開包裝，咬了一口，果然沒讓我失望。肉片似乎還不安分的在舌尖上跳動著，蕃茄醬和荷包蛋永遠是最完美的組合，小黃瓜偶爾來串場，消除油膩的口感，這一切都在我嘴裡輪番上陣。方才騷動不安的靈魂已得到解放，滿足地打了個飽嗝，靈魂昇華。（陳臆尤）

遊食者之夢

鍋裡深而清的湯汁在翻騰，未完成的預告水氣卻早將你擄獲。那是一種清爽卻甘甜的新鮮味兒，彷彿是海邊小漁村傍晚家家戶戶飄出的炊香。當白色的麵條與褐色的湯相遇的那一剎那，你的心揪緊了，似乎為它們彼此找到歸屬而興奮。當翠綠蔬菜跌入湯中，你只是癡望著瓷碗一步步來到你面前。三種顏色的協調沒讓下箸的你有所遲疑。只記得細長麵條在口中跳躍的活潑和滑過喉間的溫柔。鮮湯自是你期待已久，甘甜鮮味在口中擴散，只覺得在湯裡與海又靠近了些。這小小的一個瓷碗，怎容得那樣遼闊的海洋。爽脆的綠蔬提醒你別忘了陸地的美麗，在海與山的對話中，伴著無言的感動，你靜靜嚥下最後一口這無人食館的堅持。（曾姿穎）

記憶中的滋味

閃著光亮的糯米覆上一層淡淡的褐色，彷彿可以看到它的前身，那成熟即將收割的稻穗，每一粒皆是晶瑩剔透、渾圓飽滿。咬下一口，淡淡竹香與米香融為一體，融為不能割捨的情感，味覺與嗅覺皆是一大享受。（楊智慧）

一瞬間的幸福

還記得第一次吃到麵疙瘩，當麵團滑進嘴裡的一剎那，時間彷彿靜止了，那種快感、那種美味簡直是筆墨難以形容——濃郁鮮美的湯汁再加上香Q有勁的麵團，一咬下去，彷彿所有的味蕾都甦醒了，拚命的跳動著……那種幸福、快樂伴隨著媽媽欣慰的笑容，成為人生的永恆。（劉曉穎）

樸實的美味

剛煮好的粥散發熱騰騰的香氣，一種來自鄉下潔淨的稻田香。晶瑩剔透又飽滿的粒粒白米，閃耀著珍珠般的光澤。軟軟嫩嫩的口感，入口即化不須多加咀嚼，舌尖傳回清淡卻甜甜的米香更是令人回味無窮。到達胃部的粥，讓我感受農夫耕耘的心血和母親烹調的愛心，除了給我口感的滿足，還有肚子的飽足以及心靈的感動。（盧冠伶）

嘴裡的暖暖包

金黃色的湯，上面浮著一層薄薄的油，熱能被油覆蓋著，蓄勢待發地等著和寒冷打仗。……外表看起來軟弱的麵線，在咬下時，才會發現它堅毅的一面。當我用帶著手套的雙手捧著碗喝下一口湯，就覺得自己像在寒冷的蒙古喝下一口酥油茶，也像在冰天雪

地的俄羅斯吃著小火鍋。從食道滑入胃中的熱湯，轉個身搭血液列車，隨著循環系統紅潤了全身的每一吋肌膚。（戴欣樺）

刺人的甜美

迫不及待打開來，倒出那扁圓的糖，一股淡淡的、若有似無的沙士的香甜氣味跟著竄出，那麼美好而誘人的香啊，我覺得應該只屬於夢。而當迷醉於那香氣之際，還多了一點遊戲心情。因為要趁味道幾乎散盡卻又未盡時將糖送進口裡，這樣才可以持續夢的幻覺。沙士糖沒有沙士的嗆喉，也沒有沙士的甜膩。相反地，沙士糖吃起來很溫醇順口，甜甜的滋味中隱隱透著一丁點兒的酸。舌尖輕輕推它，還可以體驗到糖果碰撞牙齒時的酸疼，同時可以聽見清脆的聲音。吃著吃著，糖漸漸融化了。原本的大顆圓扁球變成了扁平的飛盤，慢慢地成了糖粒，終而消失不見。酸甜的滋味仍在口中，只是少了真實，多了虛幻。愉悅被惆悵取代，他看著我，笑著，依舊安靜不語，似乎沒發現我還努力地想留住些什麼。（羅怡蘋）

(3)味覺與心覺的刺激——酸甜苦辣，諸般滋味在心頭

金黃色幸福

那是一個特別的日子。放學，匆匆卸下一身疲憊，換上雀躍的圍裙，飛也似奔進廚房，開始了這一場由我的創意編、導、演的溫馨家庭劇。

……

和媽媽一起品味那一盤六粒幸福結晶。看著髮絲烏銀交雜的媽媽小心地夾起一顆太陽，生怕夾壞了的同時也破壞了我的心意，然後她張口品嚐，我心中的激動如太陽光芒般不斷擴大。敵不住母親的央求，我用筷子夾了一個黃金彈丸，享受醉人的薯香瀰漫周遭空氣，初放至舌上，一種紮實的重量在紅黃間轉化成悦目的調和，輕輕咀嚼品味，根莖類作物爽口的甘甜非但不黏膩，反倒包容地帶走了口中流連不去的百種雜味，鹹鹹甜甜的香菇末和略為嗆人的薑絲在舌尖渲染開一陣和諧，就好比個性強烈的甲會和陰柔的乙互補成絕配。將對比強烈的兩種色彩同時在唇齒間攪和戲弄，當溫潤和刺激水乳交融成暖人心脾的陣陣和煦，我和意猶未盡、眼角析出了幾點晶瑩的媽媽在那一個當口體會平凡不起眼的蕃薯與深藏彼此心底的幸福。

看著盤中耀眼金黃的殘屑，看著媽媽難得可以撇開箍縛住她的瑣事，享受浮生半日

閒的開心表情，她得意滿足的笑臉燦爛如太陽，不斷向外延伸挺進金色觸角，而當她的光芒和我口中的餘香相觸碰，撞擊出比繞樑三日更盪氣迴腸的餘韻滿口，我知道這是我和她的愛從彼此心中劃過。

那是一盤六顆后羿射不落的金黃色太陽。（許恆慈）

案：大多同學所寫的是品嚐媽媽或奶奶、外婆的佳餚之際，同時享受被關愛的幸福。本文寫的是女兒做菜給媽媽吃，母女之間的情感交流其實遠勝於菜餚的滋味。

最辣的眼淚

我坐著吃牛肉麵，去體驗每一條麵滑進喉嚨的親密感覺，用筷子扯開每一塊規規矩矩的牛肉，咀嚼，再吞下，一陣辛辣的味道向龍一樣奔進身體，微微張口，仍嗅得到它如火一樣熾熱的身體擦過唇齒的霸道辣香，甚至感覺得到它踏在胃裡一步步的壓迫步伐。辣的好啊。這句話才剛出口我就後悔了。其實我早就被辣味嗆得受不了。（張韶君）

5.食物寫真：色香味聲俱全，充滿想像空間——可口的食物就是獨一無二的藝術品

一抹笑容

奶奶用純熟的技術切著濃郁香甜的白嫩豆腐，灑一把自己種的蔥花，再丟進有些腥臭味的蒜，最後是嗆得讓人流眼淚的小辣椒，濃煙冒起，一陣陣香味滲雜著刺鼻的迷人嗆味瀰漫到客廳，令人垂涎。（王儷璇）

難忘的那道家常菜

紅燒豬肉入口時，如絲絹般柔爽的口感混融著淡淡滷汁的甜蜜，輕柔軟綿且富有肉質應有的彈性，無負擔、無壓力的滋味，讓我嚐後心情愉快，好似輕飄飄的躺在鬆軟無重量的雲朵上，如此舒服，令人留戀！（何欣靜）

水晶的回憶

奶奶把水晶般的滷蛋對半切開，蛋白是漸層的褐色，由外圈的深色向中心轉淡，中間的蛋黃是鮮艷的黃，宛若一幅美好的景緻，讓人賞心悅目。我迫不及待嚐了一瓣，甜甜的馨香在口中散開，微溫的滷汁讓鹹味滲入的恰到好處，而且蛋黃不至於全熟，濃稠中帶有醉人的甘甜，彷彿喚醒全身毛細孔般。吞嚥下肚，殘留在口中的芬芳，足夠讓人

回味一陣子。（李映萱）

你說，世上最美味的佳餚是什麼

排骨裝盤，香味四溢的熱氣蒸騰了眼前的視線。鮮豔的橘紅色醬汁，徹底包裹了每一小塊穠纖合度的排骨，每一塊排骨都漾著果凍般的剔透，同時又折射著不同層次的色澤——鮮橙、橘紅、鮮紅、酒紅……，表面還閃動一層薄薄的油光，襯著溫潤的素色瓷盤，完全刺激了視覺神經，挑逗著味蕾神經，騷動嗅覺神經。（李麗君）

奶奶的蘿蔔糕

奶奶的蘿蔔糕給人雪似的感覺，尤其剛剛蒸好的蘿蔔糕。我喜歡看著圓形蒸籠發呆，想像北方國家冬季下雪的情景。奶奶的蘿蔔糕，總使我聯想到潔白的雪地。鮮白色的糕體是晶瑩的雪花，點綴其中的材料是被寒風吹落的枯枝和乾葉。奶奶的蘿蔔糕竟然神奇的使居住在亞熱帶的我神遊夢幻在雪的國度，更增添幾分過年氣息。（施佩宜）

生命的活泉

掀開蓋子的那一剎那，蒸氣遮蔽了我的視線，只聞到淡淡的、淡淡的香——一種特屬美食的香。煙霧散了，映入眼簾的是十個新生的蝦仁湯包，不到0.2公分的皮，挾帶著水氣，有如新生兒的肌膚吹彈可破，我隱約能從外窺得其內的美妙。輕咬了一口，那沸騰不安的湯汁有如找到出口般的傾瀉而出，流入了我的口中，散溢到每一寸齒縫間，艷橘的蝦、細碎的青綠的菜、絞肉和幾近透明的皮，在那小小的空間中融合交織出一幅和諧的抽象畫。整口吞入，肉的肌理嚼勁襯托著蝦的細嫩鮮美和著淡淡的菜香，沁入我每一根神經末梢，鼓動了每一個細胞隨著鮮活的蝦悠游於我的身體海洋……（邱令宜）

懷念大阪燒

「滋滋……」的聲音加上撲鼻而來的香味，我們此刻正籠罩在一片的白色煙霧裡，低頭看著那四處流竄的麵糊正此起彼落的在鐵板上吹著泡泡，膨脹、擴張、起起伏伏……接著又是一陣撲鼻的香味，這次多了一點海洋的味道！最後老闆娘抹上了一層厚厚的醬汁，灑了一些海苔粉，並在結束前放上一大把的乾柴魚片……，看著柴魚片在我們美麗動人的晚餐上跳動，一邊聽著老闆娘微笑的說：「可以享用了，祝用餐愉快！」至此，折騰我們許久的煎熬終於結束了，幾乎是同時的，兩支小鏟子一起張牙舞爪的向前進攻！（邱思維）

泡泡中的記憶

它裝在寶特瓶中沒有任何一顆氣泡，但打開瓶蓋的一剎那，「滋……」耳邊響起的是天籟！喝一口，細細的泡泡在舌上引爆，好不刺激。有時候天氣很熱，我一股腦地將它大口喝下，接下來便是接連不斷的打嗝了。就算那天感冒，我也非得倒一杯，用手心去感覺那沁涼，然後看著它劇烈彈跳的小泡泡，每一粒都能量十足地向上衝，有的甚至

高過杯口，但最後都不敵地心引力而向下墜落，然後由我的嘴來結束它坎坷的一生。（張雅婷）

心靈的盛宴

外婆的酸辣麵是我最難忘的麵食。一根根滑溜溜又帶有嚼勁的麵條，酸中又帶著火爆香辣的口感，搭配著一塊塊香QQ的豬血、嫩豆腐和香甜的竹筍，那香濃的酸辣湯煽動我的味蕾，身上每一條神經不停的跳動，像在對我訴說她的美味，要求我我再多品嚐幾碗，那口腹間的滿足感不知不覺地在我心中盪漾。（張禎庭）

鐵板上的魔法秀

他熟稔地開火、熱板，頓時，沉睡的鐵板如同被催眠師喚醒，熱血奔騰地向我們訴說它滿腔熱情。接著，師父將油推向鐵板，它抗議地發出「滋！滋！」的哀嚎聲。當牛肉滑落在鐵板的瞬間，一陣蔓延的香氣侵襲我的嗅覺神經，挑逗我的飢餓細胞。嗞了嗞口水，再度注視鐵板，師父靈巧地拿起米酒及胡椒罐，拋向空中，他們漂亮地轉圈，瓶中的米酒與胡椒粒以優雅的弧線降落在平滑的鐵板上，混合著青綠的蔥、火紅的小辣椒、金黃的奶油，完美呈現於盤中。看著大廚紅咚咚的臉頰輝映著豆大的汗珠，還未品嚐盤中美味的我，已由心底湧出幸福的感動。（賴昇伶）

一碗麵的滋味

盛夏，悶熱的天氣使人毫無食慾。一盤涼麵送上，舞台中央是淡淡的黃；旁邊充滿生命力的律動，是青翠的綠，是亮眼的橘、誘人的紅，甘為配角，襯托出主角的高雅脫俗，一向愛出鋒頭的醬汁也收斂了起來，不敢如往昔搶先攻佔你的味蕾，一切都淡得讓人遺忘在溽暑中奔走的疲憊，淡得使人忘卻悶熱所帶來的煩躁。（張仰孟）

6.食物與感情

(1)永難忘懷的記憶——情感是最香濃的調味料

不朽的卡布奇諾蛋糕

或許經歷時光流逝，日後我將不是現在這個嗜吃甜食的女孩，但是這段和好朋友瑋芬一起分享心事、坐在靠窗的位置吃著最喜愛的卡布奇諾蛋糕的甜美青春記憶，一定會以不朽的形式存檔在我的腦海、內心深處和味蕾裡。（石孟以）

草莓蛋糕

舀一匙蛋糕送入口中，果然如你所說，濃厚的草莓香伴隨甜甜的慕斯滑進食道。從什麼時候開始，我也迷上這番滋味……？是你離開的那天起吧！被染成粉紅色的蛋糕，像情竇初開的少女；那抹火紅，是愛戀的熱情……。就算沒有約定好……在無限延伸的未來裡，我們會相遇吧？即使不同國度……。把最後一口草莓吃下，酸酸甜甜的，如同遠去的初戀。等待是幸福的。我這邊的雨停了，你呢？（余姿瑩）

金黃色的誘惑

不知道有多久全家沒在一塊吃飯了，自從哥哥上了大學，而我成天必須在外吃便當，家人間的交集便漸漸減少。在自助餐館內，我永遠都望不見那一道金色的誘惑，距上次吃蒸汽肉的日子已經久遠的無法回想，我眷戀那一襲金黃，更深深期盼家人再相聚、溫暖彼此心坎的時光。（吳學敏）

冬日的溫暖

國三的夜自習是冗長而無趣的，難耐的枯躁隨著夜晚的冷風，肆無忌憚地朝我們襲來。我們再也忍不住，朝便利商店奔去。並肩坐在操場上，分享手中的溫暖——一口一口慎重品嚐著魚板、蘿蔔，那蘊含著嚼勁、卻又帶著些許柔軟的口感，伴隨著醬油膏的香味，化進嘴裡的不僅僅是那份對味覺的滿足感，友誼的溫暖同時深植三人心中。（高翊萱）

濃情巧克力

到現在，我依然能感覺得到當時濃得化不開的「愛」的滋味，那份悸動，在我每一

次有機會品嚐各式各樣的巧克力蛋糕時，總會不經意地、悄悄流瀉心中。（張心）

蘊藏的愛

我這才明白餐桌上總是少不了蚵仔煎的真正原因。原來，奶奶的蚵仔煎能有今天這番風味，除了是她多年經驗的累積，更是她對爺爺長久不變的愛的證明。而爺爺對蚵仔煎不減的喜愛，也代表他對奶奶的重視同樣堅定不移。爺爺和奶奶的感情，就像深藏於麵皮下的香氣，含蓄卻濃密。他們看似平淡但難似割捨的愛，更像品嚐蚵仔煎後低迴在口中的香味和在心中留下甜美的回憶滋味，會永遠存在，永遠。（郭育辰）

永遠的義大利麵

那是我第一次知道吃東西可以那麼的幸福……一陣茫然，我回到現實，視線集中眼前的義大利麵，腦中卻一直在搜尋著回憶中那完美的滋味。我終於想起來了！那段回憶停留在國中的家政課和同學一起做菜的時間點上，那是不管哪間餐廳也比不上的樂趣和永遠……（黃子真）

蔓延，花生香

我和朋友同時抬頭，露出滿足的笑容。花生厚片帶給我們的遠在它的美味之外，它是分享、是心靈慰藉。在感受花生醬與厚片土司完美的雙人舞的同時，我們交流著彼此的情緒、彼此的生活……彼此的一切。我們是那麼小心翼翼地吃著每一小塊花生厚片，

往往得花上半小時以上，才依依不捨地將最後一小塊放入口中，細細咀嚼。（黃彥萍）

溫暖的咖哩飯

在甘甜香醇的味覺享受下，我吃進嘴裡的不只是一道佳餚，更是母親樸實且特別的風格。這一道單純的咖哩溫暖我的胃，更在我心中成為母親的化身，隨時給我最溫暖的懷抱。（黃莉婷）

春享

第一時間下鍋的餃子最能留住美味，在下鍋後馬上就能聞到麵粉溫柔的香氣，小孩子們總會像著了迷似的，不自覺的一個一個被吸引到鍋旁，用渴望的眼神期待餃子一個一個充滿活力的浮上水面。……美味的程度讓我的嘴巴和筷子維持著絕佳的速率，一個接一個，品味著奶奶的愛、爸爸的力，和自己的心血，燦爛的笑容是一年最美的開始。（徐小涵）

車輪餅的味道

爺爺遞給我一包冒著熱騰騰蒸氣、捧在手中還挺燙的咖啡色紙袋子。袋子內永遠都是裝著三塊圓圓滾滾、飽飽滿滿的車輪餅；口味也永遠分別是奶油、紅豆、蘿蔔絲。爺爺拉著我的手，我拿著我的車輪餅，沿著基隆港港口堤岸邊，便小口小口的吃了起來。海風帶來了一股鹹鹹濕濕的味道與爺爺身上上了年紀的人才有的獨特味道，而充盈我嘴裡、鼻裡、顱腔裡的是濃濃郁郁的車輪餅好滋味。奶油甫從脆餅裡迸開來，碰觸到舌尖便燙得我抽搐了一下，入口即化，味道像是巴里島的染布似地暈開在我的口腔中，牽動我身上的每一根神經，直到那股美食的勁力傳送到末梢神經然後從指尖流走，消逝在空氣中。我整個身子彷彿是這寒冷的冬天裡唯一的發熱體，不知身旁的爺爺會冷嗎？

……爺爺你聽到了嗎？那是我最愛吃的車輪餅呀！我帶了兩個銅板，一樣換回了三個奶油、紅豆、蘿蔔絲的車輪餅，這是我第一次自己買。我蹲在濕冷的路邊大口大口地嚼了起來，餅皮連餡在我的齒間不停地翻動打滾，像是在跳一場祭天的舞蹈，一個後空翻便捲入了我的食神宮。我這個主祭者奮力地想要抓住出車輪餅的滋味，但卻感覺不到任何味道、一點溫度。在拋開空紙袋後發現嘴角滲出了些許血絲，而我聞到了一股熟悉的味道，那是爺爺身上永恆的味道。（黃薇倫）

(2)令人滿足，令人有活力，也令人堅強勇敢——食物帶來對抗挫折、成長成熟的力量

美味的關係

一粒粒柔軟的白飯迅速化在嘴裡，散發出前所未有的甜味，排骨燉湯的香醇也源源不絕的湧出，魩仔魚環繞不去的撲鼻提醒我：這不是在作夢，還伴隨著清脆的海帶和芹

菜，即使我平日拒之千里的紅蘿蔔，此時也格外有味道——這是再平凡不過的稀飯，入口時雖然沒有卡通人物吃到美食時「萬丈光芒從天而降、飛龍遨遊在天、百花盛開」的奇景襲上眼前，卻讓我感覺內心撼動。我竟為這再平凡不過的東西觸動心弦？現在才知道自己多不知足，最美味的食物就在身邊啊！罹患大病，我才發現身邊的珍寶。（徐菀吟）

平凡的山珍海味

在打開便當的瞬間，鹹稀飯熱騰騰的白煙縈繞我的病床周遭，在暖暖的白煙中，我的毛細孔迫不及待大口大口的吸取那陣誘人的香味。熱騰騰乳白色的稀飯猶如熱呼呼的溫泉，而泡在裡頭碩大又飽滿的蘿蔔個個都漲紅了臉，似乎正精力充沛的互相打鬧嬉戲。鮮嫩多汁的排骨似乎也想加入戰局，在一旁蓄勢待發。看到碗裡的精力充沛，我不禁也充滿活力的大口大口扒起飯來。鹹稀飯在進入口中的那一剎那，排骨和紅蘿蔔水乳交融的美味在我的舌尖綻放開來。已飢餓昏迷兩天的細胞，頓時間全活了起來。一股暖流流竄全身上下，把我身上那陰險冷酷的細菌都溶化了。病房裡陳設也產生化學變化，不再那麼冰冷無情了。陽光灑進病房裡，圍繞著我的不再是藥罐、點滴，而是滿滿的幸福與滿足。（黃暐筑）

用草莓汽水向現實乾杯

在透明微紅的瑩亮中，氣泡上升、消失，似乎訴說著什麼，是那種說不出的感觸嗎？是留不住夢嗎？還是單純的呢喃？

放下世俗的枷鎖，啜飲一杯草莓汽水，或許無法完全拋開雜念，或許不能長久維持美夢，但看著氣泡在水中上升，感受著清涼在血液中循環，也足以品嚐自在無束縛的香甜。我用耳朵聆聽，聆聽那淡淡的、淺淺的草莓汽水，徜徉在隔絕繁亂思緒的悠閒中。（康玉蓉）

心靈的滋露

小時候，腦中充滿童話般的綺麗幻想，喜歡粉紅色，喜歡幸福快樂的故事，喜歡一切順利美好，喜歡全甜的巧克力！長大之後，體認到沒有一切是順利美好的，沒有總是幸福快樂的結局，也不再喜歡粉紅色。但我相信美好能在吃過苦、經過一番波折後出現，那樣的美好將更刻骨銘心、更有真實感！如同苦黑巧克力微苦後甘甜所帶來的清新暢快。根據古老的歷史，那是一種熱情的體驗，被中美洲的奧爾梅克人所發現，拉丁學名稱作「眾神的滋味」，眾神喜歡她的初衷，是可可豆黑色深沉的柔和感。（謝瑜珊）

讀書良伴

每天留下來唸書，一定都要有杯珍珠綠茶相伴，讀書才會有活力。每當吸管尖尖的一角衝破杯子上那層理所當然存在著的薄膜時，我的讀書引擎也隨之發動。……引擎隨著牙齒、綠茶與珍珠狂舞的節奏規律的運行著，最後一顆珍珠入喉時，引擎也隨之熄

火，這時大腦與肚子都獲得了飽足感，期待著明天再次發動引擎。（洪郁茜）

(3)何止滿足口腹腸胃——食物更是懷人、抒情、思鄉等回憶的重要觸媒

溫暖的味道

我們只要去外婆家，一定會吵著和外婆逛市場，一起去那家麵攤吃板條。還記得清晨往菜市場的路上，外婆一手牽我，一手拉著妹妹，沿途看到我們的阿姨和奶奶們，都因為兩個小孩的早起而驚訝。難忘外婆當時爽朗的笑聲和溫暖的手，在充滿人情味的菜市場裡，外婆聲音嘹亮地和左鄰右舍打招呼，她的臉永遠是慈愛和善良。被外婆牽著的我那時只曉得吃好吃的板條，卻沒體會到裡頭藏著的愛和幸福。（石宜真）

咖啡牛奶的滋味

現在回想起來，牛奶在口中殘留的甜味雖然令我印象深刻，但比不上充滿在心中的幸福。因為這罐咖啡牛奶，我清楚的感受到姨婆對我的寵愛和疼惜，老人充滿皺紋的雙手，慈愛而低沉的呵呵笑聲，和小女孩滿足的微笑——這份愛在時間的沖蝕後，我還是感受深刻。（安穎芝）

菜，就是這麼一回事

現在吃著媽媽做的豆干炒肉絲，就像在品嚐我心中的回憶：豆干切得很平整，我想的卻是我用無力的小手切出來的波浪狀豆干；味道鹹淡適中，我想的卻是我調皮時偷偷多加一湯匙醬油的滋味；媽媽臉上的疲憊，我想的卻是往日我跟媽媽一同走出廚房時媽媽臉上的笑容。（李祐寧）

回憶的味道

畢業以後，我常常記起那關東煮的味道，小小的攤子聚集了我們的歡笑、淚水和悲傷，同學嬉鬧的聲音、燙著嘴的表情，失戀的淚水……隨著攤子前的忙碌景象一一浮現在我的腦海深處。（林宛宜）

千里外的感動

我小心翼翼掀開茶葉罐的透明塑膠蓋，鋁箔袋中鼓得滿滿的香味似乎蓄勢待發，馬上要一瀉而出。渾然不知的我才把銀色的鋁箔袋剪開，似乎帶有催眠的魔力，瞬時把我吸進一股強大的漩流中，茫然間，我似乎看到半山坡的茶葉在暖暖的陽光下微笑著，葉尖還有晶瑩清澈的水珠，木柵剛下雨了吧！

回過神來，被這股香味幻覺嚇了一跳，定睛一看，如食指第一節那樣大小的茶葉，在鋁箔的反映下，透出深綠又帶青的光亮平靜的躺著。……把杯子靠近鼻尖，想一口氣吸盡故鄉的風味。當第一口若有似無的餘溫流下我喉嚨，輕柔的像秋天午後的一陣微風微微的拂過髮絲，外公的話突然在我耳邊響起著：「我們木柵的茶，就是一個順字，一點都不刺喉。」從小在茶園間嬉戲追逐的回憶，手指拂過葉尖的感觸，溶化在這泡茶中，我的喉嚨不痛，但心在哭。（徐嘉璘）

幸福的魚面頰

曾幾何時，我已經很少在家裡用餐，外食好像變成例行公事，再也沒有一個人會特地為我留下那一塊魚面頰。……我恍然大悟，當那塊魚面頰吞入我肚中的同時，我也同時接受了爸爸對我的愛，那是一種無私、不求回報的奉獻，只想把最好的留給子女。因為那是爸爸夾給我的，它就成了一種幸福的象徵。（梁寧）

魚身的記憶

我愛吃鮭魚。也許是媽媽愛吃魚吧！從小，我們家每天餐桌上必有這一道佳餚，各式各樣的魚：鱈魚、秋刀魚、白鯧。其中，鮭魚橘紅色的魚身，和未上桌就香味四溢的吸引力，最我食指大動。

我對鮭魚情有獨鍾。一向討厭吃魚的我，看到鮭魚卻恨不得整條魚都為我獨享。因為它幾乎沒有魚刺，也因為它緊緻黏密的肉質令我愛不釋口。

現在，我外食的機會多了，不再像以前天天等著媽媽做鮭魚。然而，偶爾在打開家門的同時，一聞到從廚房烤箱裡傳來的熟悉味道，便喚醒沉息已久的嗅覺神經，彷彿是見到睽違已久的友人，湧起一股衝上前擁抱的衝動，啊！那是橘紅色的魚身記憶。（陳沂萱）

牽線

而今住在台北，每次回新竹，坐在車上，我滿腦子都想著要讓奶奶給我炒米粉，而每次走到門口，米粉的香味早已竄進我的鼻腔了！我驚訝奶奶知道我的心意，奶奶總說：「那是我們心靈在溝通。」我不知道是細線般的米粉將我和奶奶的感情牽在一起，還是我和奶奶的情感將米粉纏繞得更緊密？（陳韻婷）

最珍貴的珍珠

突然，我的目光被陽光下閃耀的珍珠吸引過去。是的，最珍貴的珍珠不是純白的，而是褐中帶點透明，在陽光下映出吸引人的色澤。……小心翼翼的拿起吸管，像要進行某種儀式的慎重，先用眼神膜拜過在濃郁的奶茶裡沉浮的光潤，終於，再也承受不住的吸了一大口，奶香在身舌尖散開，任憑滑溜的珍珠挑逗著味蕾，在口中千迴百轉的畫了個島嶼的形狀，還是捨不得嚥下。回到校車上，獻寶的將手中捧著的杯子展現給大家，滿意的看著我與這杯珍奶造成的騷動。大家全神貫注輪流小口小口的啜飲著這杯得來不易的冷飲，陽光閃耀中，奶茶中的珍珠悄悄轉換成思鄉的眼淚。（黃瑜婷）

藍莓蛋糕

我從小便愛吃藍莓。小時候，奶奶家後院長滿了藍莓，常和表哥他們坐在屋簷下，吃著剛摘下的藍莓，一咬，外皮瞬間破裂，藍莓汁甜甜酸酸的味兒，就循著舌滑進喉嚨。（陳思齊）

(4)定格的人生風景——食物與整體環境的交融，在腦海中凝結

於海之彼

瞬時間，香味溢了出來。自粉白而金黃，思緒隨著鍋中蚵嗲顏色的變化，唾腺分泌出的口涎，一路牽回了魂牽夢盈海的彼方——金門。鹹鹹的海風乘載著童年無限回憶及歡笑，而味蕾的悸動，卻來自盤中一塊塊金黃泛著油光的蚵嗲。白髮在鍋鏟間閃著慈愛的光芒，夕陽斜倚在高粱田埂，混著青草、牛糞的味道瀰漫了整座海島，而暗藏於其中的一股香味，提醒著孩子們晚餐時間到了。（吳芊芊）

(5)與人生滋味的相繫——蘊含於食物背後的人情與心情

友情的湯

一開始，對照著食譜循序漸進，完成我們的烹調大業。熟悉後，我們就照自己的想法動手。

先煮沸一鍋水，再把牛奶和奶油丟進去，加入調味料，一鍋簡單又好喝的玉米濃湯接近就完成，但還剩下一個重要的步驟：勾芡，濃湯要怎樣的濃度才算適中，真的很難拿捏，就像友情一樣，親近生狎辱，而保持距離卻難以成為親密好友。（溫雅婷）

與燉牛肉的邂逅

記得小時候有一年冬天，寒風刺骨。外婆體貼地燉了一大鍋牛肉，給大家驅寒。晚餐時刻，家人移動筷子，不斷朝其它菜餚進攻，就沒有人願意撈些牛肉入碗。儘管大夥兒都能體會外婆的用心，但眼見湯面的層層油光，以及弟弟只吃了一口就吐出的牛肉，每個人都提不起勇氣挾食。為什麼？因為外婆出生在農家，為了表達對牛的謝意就不吃牛肉。換句話說，外婆是憑嗅覺燉牛肉的。這鍋牛肉，帶給我異樣複雜難言的感受。

（鄭雅云）

咖哩際遇

上國中後，鄰居移民到國外，也將我心目中完美的咖哩帶到另一個國度。試過了其他家的咖哩飯，總是找不回那種味道。後來，媽媽知道我喜歡吃咖哩，就去買市面上的咖哩塊來做，我也順理成章的成了她的試驗品。好吧！既然找不回，那我就陪我媽一起去製造另一個令人心動的風味吧！（蘇筱雲）

辣味的轉變

爸爸解釋他就是因為這道菜才會牽著媽媽的手走向紅毯的另一端，他偶然在媽媽家裡開的餐廳吃到這道菜，拉住月老的紅線，簽訂了婚姻的契約。當時的我還在幻想披白紗的年紀，聽到這道平淡無奇的麻婆豆腐背後竟有如此轟轟烈烈的愛情故事，頓時，剛吃下的的辣味也在口中回甘。（吳芃萱）

八隻腳的回憶

父親剛創業時，生活維艱，不要說飯後水果了，只要是白飯以外的食物都得像被高關稅條例控制住其「進貨量」。

某天，父親交貨給大客戶時，意外獲得大禮——魷魚一尾，全家人的興奮之情溢於言表。特別是婚前就把魷魚奉為畢生摯愛的母親，為了「款待」這貴客，她把塵封多年未用的陶鍋請出來，做為對魷魚大人的尊重。

……當鍋蓋抓開來的那一剎那，一股自然風味沁入脾胃，印入眼簾的水中世界，把全家四口帶領到從未踏入的美食饗宴。無視於現實鍋中僅有一尾八爪魷魚，在感動與感激之間，八隻手近乎膜拜地解決了八隻爪。停留了好一段時間，家人捨不得把魷魚的身體吃完，深怕破壞了這天外飛來的小幸福。

就在大家長決定要動手分配這份美好時，鄰居的婆婆適巧來訪，銜著台灣人好客的天性，父親本能地問了一句：「要一起用餐嗎？」噗通一坐，婆婆不客氣地挾起了我們的「貴客」，啖了一口後說：「恁今哪日呷價厚喔！」換來的是全家人的沉默，以及對魷魚無限的追思。（郭欣羽）

案：本文在猝不及防的變化中戛然而止，情節的逆轉令人錯愕，留下低迴不盡的餘味，十分高明。

7.食物與個性：飲食之間反映的真性情——吃東西的習慣與個性

白色的元寶

把好吃的部分留到最後再吃，是我的習慣，吃水餃的時候也是。我喜歡先吃掉外皮，再好好享受飽滿有料的內餡部分。大家都覺得我很奇怪，可是，這就是我吃水餃的樂趣之一。因為我想把美好的滋味留存得久一點，不被其他味道蓋過。（陳彥蓉）

8.食物與哲思：齒間心上——透過飲饌，品味豐富的人生哲理

訪茶

一杯茶的誕生需要等待，等水沸、等葉子舒展。每當我在等待，就彷彿看見外公那一尺餘長的白鬍子正一寸寸地往下延伸。外公七十多了，但眉毛白了，眼珠子也灰了，加上那一綹白鬚，說他三百歲還差不多。要是剃光了頭，活脫便是得道高僧的模樣，於是我那杯茶又多了幾分禪意。

外公泡的茶極苦。小時候我都笑嘻嘻地接過，然後吃苦藥似的一飲而盡，盼望苦味早早遠離舌根。現在我才曉得即便茶已入口，仍需等待。輕啜一口，將茶水抵在上齶，讓香氣從鼻子緩緩噴出，接著慢慢嚥下去，讓它浸潤咽喉，滑過食道，溫暖腰腹。舌的前端主甜，中間主鹹，兩側嘗酸，舌根辨苦，此時只覺滿口芳冽，油膩盡去，味蕾頓時活絡起來。苦味沉澱，甘味和微微的酸才會浮現，「苦盡甘來」，難道源自於此？……茶聯繫我和過去千百年的記憶，聯繫外公和我的忘年情誼。舉杯邀明月，願茶的藝術世

代傳承，茶的精神亙古長存。（孫瑀）

冰涼的浴火鳳凰

雞與蔥油融合得恰到好處，經過大火快炒，再加蔥爆香，之後放入冰箱冷卻，這是我們家餐桌上不可或缺的開胃菜。

經過最高溫和最低溫釀成的美味，使她「腴潤而不油膩、濃香而不刺鼻」，包含了許多令人難忘的滋味。我想，我們也該這樣，需要經過不同環境的磨合鍛鍊，才能豐富生命的內涵。（陳儀寧）

苦盡甘來

提拉米蘇，原義是「帶我走」，就像吃了會飄飄欲仙的仙丹，讓人感受到幸福的存在。吃了它，我發現這個結合苦與甜的矛盾體的確像一道曙光，驅趕了我的煩惱，讓我不必再為未來的不確定而苦惱。人生或許就像它一樣，並不是一味的甜，甜中帶有些許的苦澀，但是最後愛和幸福必會降臨在我們的身上。我無法忘懷那特殊的風味，它所帶給我的是一種新的人生態度，以及永不放棄的味道。（謝佩君）

9.食物與文化：有歷史特色的食物——屬於傳統的、地方的、風味的小吃

齒間的回味

方方正正，酥酥脆脆，在外型與口感上，我先入為主給了滿分。對於沒有吃過臭豆腐的老外，可能會覺得這種味道實在難聞，但我一口咬下，那一股屬於臭豆腐的獨特味道便直直衝入腦門，這是世世代代祖先不斷發揮巧思、力求創新，終於成就的精華。臭豆腐的香味與口感在鼻腔齒間來回流竄，多次反覆吟詠，我都不覺厭煩。（張馨予）

海德堡之吻

從前有位到海德堡求學的年輕人喜歡一個女孩子，女孩子也很喜歡他。但當時能上學的女孩子大部分是貴族的女兒，而且身旁都有侍女或是教母陪伴，所以男孩無法表達愛意。苦思很久，這一對情侶終於想到一個不會被侍女發現的方法：把寫好的情書藏在巧克力盒中，再把巧克力祕密傳遞給對方。

後來，很多人都模仿這種做法，所以這種巧克力被稱作「海德堡之吻」。（謝子嫣）

10. 另類描寫

(1)味覺的褻瀆——難吃的食物可真令人敗興

那黃黃舊舊的招牌

姊姊先開動，她的嘴巴專司品嚐，面部表情是分數顯示器，在唏唏噓噓的吸麵聲中，姊姊為眼前的牛肉麵打分數。看著姊姊的眉頭皺出一摺一摺，我暗想「不妙！」果然，煮太久的牛肉毫無嚼勁可言，我終於明白何謂「味如嚼蠟」；湯頭還算是湯頭嗎？只能稱作是缺乏鹽巴、香料、胡椒，而滴了幾滴醬油的黑色液體；麵條軟趴趴地沉在碗底，自卑地不敢浮上來。我扳起了臉孔，心想：「怎麼會有這種牛肉麵？這應該叫做軟牛肉＋醬油＋麵的組合吧！」像是跟姊姊約定好的，我們叫了兩碗，足足剩了一碗半給那位不稱職的老闆好好反省並懺悔。（周茹彬）

(2)良藥苦口——雖是口腔的酷刑，其實是親情的凝聚

蘆薈制約

我被蘆薈制約了很長的一段時間。那黏滑稠潤的果肉和汁液，彷彿夢魘裡幽邃的墓

林中滿山滿野的腐肉殘屑，黏呼呼的貼著我大半童年。

小時候身體不好，三不五時進醫院向點滴、病床報到。爸爸認為我氣血不順導致身體虛弱，便決定用「蘆薈」這「健康至極」的植物來替我調血固身，養出好氣色。爸爸的做法很原始，直接將蘆薈去皮後就丟進鍋裡熬煮，不加任何調味，就這麼熬出一鍋稠的化不開又苦味沸騰的「蘆薈漿」。……爸爸初次要我喝下一碗蘆薈漿時，光聞到那濃烈的苦味，就已心生抗拒，勉強喝下一小口後，黏稠的觸感在味蕾上不停翻滾，不清爽的感覺實在令人作噁，整個口腔就像被一口一口的痰佔據般，噁心的讓人喉頭湧出一絲胃酸，酸澀的使人流淚。而味蕾中負責品嚐苦味的舌苔，紛紛因為至苦而不停扭曲，我都快聽見它們的哀嚎聲了。……每喝一次就是一次酷刑，每每都以我滿臉的眼淚和鼻涕和爸爸滿頭大汗的疲憊作為收場。（廖珮瑄）

(3)偏見者的救贖——挑剔的人差點錯過的美食

黃金栗子

小時候的我，嘴巴可難伺候。西瓜的水分太多，吃起來滴滴答答；顏色刺眼，不吃！漢堡太胖，還長芝麻，不吃！多少美味身物，就在我這「看一秒評審」不公平、不客觀判斷之下被淘汰出局。

直到某一年寒冷的冬天，「糖炒栗子喲！暖呼呼的糖炒栗子！」一個老伯伯熟練地叫喊著，順手把栗子倒入砂鍋中，鍋中一粒粒小砂石散發著誘人的熱氣，濃郁溫暖的香味飄進鼻中。「吃起來很暖和，味道也是數一數二喲！」我喃喃自語：「可是它長得好醜，好硬呢！而且還要剝殼，太麻煩了！」正要轉頭就走，老伯伯低沉的聲音說道：「小妹妹，沒嚐過怎麼知道好不好呢？」他遞給我一顆，我將小小的栗子放入挑剔的嘴中，到了一個從未進入的世界。

金黃的栗子暖和了我的口、我的胃，真是一股說不出的好滋味呀！我兩眼發亮，向他道謝，謝謝他和他的栗子救了一個腦筋失溫的人，使一個味覺有偏見的人得到救贖，從今以後，他將「勇敢享受」美味。為了報答他，我向他買了二包糖妙栗子。（劉沛欣）

肆、結語

美味的食物，真是生命中不可或缺的養分，點點滴滴都是記憶的門票，藉著食物重返生命中曾有的滋味現場。

刀鏟鍋爐間的魔法術變出魚肉菜蔬的噴香美味，鑑照的卻是人情與人性，我們知道：藉飲食而呈現的作者生命實感，才是飲食文學的關鍵，所以，飲食文學的內涵其實包括了親情的滋味、思鄉情結、時代特質、人際關係、飲食的學問、人生的趣味等。

難怪有人說：在飲食文學裡，食物是回憶的觸媒，它驅使舌頭去召喚記憶，文字不僅記錄食物的滋味，更讓人從中體驗出人生的況味。

二重奏·雙人舞

——關於閱讀的對話

閱讀，是與文本作者心靈的對話。

朱光潛曾說：「讀書是『打破現在的界限而遊心於千載』，以發現『可尚友的古人』；讀書的過程也是一個『物我的回響交流』的過程。」

閱讀確實是與「友人」的交談，而奇妙之處，在於它可以打破時間與空間的界限，與千年之遠、萬仞之遙的人對話，而且我們可以自由選擇，只與自己想談、願意談的人交往，這不但是精神的自由交流，也是心靈的對話與撞擊。如果交談的對象是大師、巨匠級的人物，那麼，這樣的閱讀就是對現實環境的一種精神超越。

「物我的回響交流」更能顯示「閱讀就是對話」的實質。既是「對話」，就不是作者單向灌輸、讀者被動接受，讀者也會有「回響」，對作品提出個人創造性的闡釋，在閱讀中掌握主體性與主動性。閱讀之時，我們不但可以發現作者，同時也會發現自我，激發潛在的創造力與想像力。

閱讀誠然是個別性極強的活動，但，閱讀也可以透過兩個人之間的對話來完成。在一次聚會之中，北一女郭美美老師提供了這個意念與美麗的題目——「二重奏．雙人舞」，於是，筆者也在任教的班上實施。

做法是由學生邀請另一人與之共讀一本書，兩人再進行關於這本書的對話，以文字呈現，就是一次「二重奏．雙人舞」的記錄。

二重奏的旋律既個別又協調悠揚，雙人舞的風姿既獨特又融合無間。筆者很想知道：高中女生讀什麼？和誰讀？所以事先沒有任何規範與要求，請兩個高二班級的同學自選書籍、任擇共讀夥伴，只要如期交出這份報告。

她們讀了些什麼書，以下是筆者的統計：

1.勵志類

中：乞丐囝仔、換個想法更好、生活就像馬拉松、礦工的兒子、總裁獅子心

外：最後十四堂星期二的課、潛水鐘與蝴蝶、為自己出征、心靈雞湯、真愛奇蹟、把握我們有限的今生

2.文學作品類

中：寂寞的十七歲、台北人、北京法源寺、危險心靈、聽說、傷心咖啡店之歌、千年一嘆、邊城、我異鄉人的身分逐漸清晰

外：美麗新世界、白牙、時時刻刻、生命中不可承受之輕、紅字、動物農莊、小王子、湯姆叔叔的小屋、少年小樹之歌

3.通俗文學類

中：在數難逃、搜靈、藍色大門、逆女、卡桑、笑傲江湖、倚天屠龍記、薔薇之戀

外：獻給阿爾吉儂的花束、謀殺金字塔、刺鳥、海邊的卡夫卡、另一個孩子、女教皇、敵人、我在墳上起舞

4.人物報導類

中：小腳與西服

外：皇室的傲慢與偏見——戴安娜的生與死

5.哲學思考類

外：紙牌的秘密、先知

6.童話與繪本類

中：布瓜的世界

外：小冬校園、少年海鳥之歌、一隻老鼠的故事

至於和誰共讀呢？想來是基於同窗共學、閱讀品味相近，大多數同學邀請同學、朋友一起閱讀，或是年齡層相近的兄弟姊妹討論一本書。幾位同學仍然獨自漫遊書中世

界，理由是「我和自己對話——如：積極的我 vs.消極的我」。

最讓筆者感興趣和感動的是和爸爸、媽媽共讀。有一位同學與媽媽共讀《小腳與西服》，媽媽以豐富的經驗與女兒分享女性之於婚姻、事業及自我成長的種種議題；一位同學與媽媽共讀《礦工的兒子》，媽媽的家人也曾挖礦，熟悉礦工人家的艱辛，於是告訴女兒自己小時候的貧苦生活，本書作者提及因遭遇挫折而萌生過自殺的念頭，媽媽借機和女兒談自殺問題，令人動容；一對共讀的母女選擇《為自己出征》，媽媽告訴女兒：「每個人最終的結果都是自己控制的」，女兒謹記在心。一位同學與爸爸共讀《心靈雞湯》系列，女兒有「關於青少年」的那一本，爸爸有「關於夢想」的那一本，父女兩人最後還交換書籍閱讀；一位爸爸與女兒共讀《最後十四堂星期二的課》，兩人討論對死亡的看法，爸爸嚴肅地告訴女兒要珍惜生命。

從同學的記錄之中，筆者深深感覺：這樣的親子共讀，真是一件美事！

以下選擇幾篇同學的佳作，以資分享。

*　　*　　*

一、談《換個想法更好》

許恆慈

鄭石岩《換個想法更好》簡介：

本書透過親切的表述方式，舉出「一念心」的重要，讓我明白：一切言行隨之牽動。我學會如何正視自己，面對現實，從消極中尋求改變而成就積極正向的態度和人生！

【說明】消極的我（甲）與積極的我（乙）對話。

甲：我想我之所以選擇這本書是因為終於想和自己宣戰，戰勝自己長期以來沉溺在消極身心的頹喪感吧？總是在同一個負面情緒裡循環，遇到障礙只懂得逃避；嗯，我不想讓自己的一生就這麼沉重下去，想做些改變吧。那妳看這本書的動機是什麼？

乙：（笑）很簡單。肯定自己做的事與面對事情的態度是積極正向的，避免做無謂的自我煎熬。

甲：就後者而言，我可是箇中翹楚（嘆氣）。

乙：那妳讀完想必比我收穫更豐！因為我只要確定，而妳卻需要它為妳點醒或做些指引。我覺得這本書的內容十分積極，融合了心理、教育和禪學來對生命做肯定的銓敘；那種正面態度，讀來隨即讓人反躬自省並做改變。

甲：對啊！我一直不願意坦誠面對自己的懦弱和自我賦予的壓力，但在看了許多人走出黑暗的例證，就會讓我萌生一股勇氣。鄭石岩教授把本書分成「當心第一個念頭」、「怎麼著眼就怎麼發生」、「感受在牽引你的心情」、「想法決定心情與作為」

和「心思反映你的人生」，這是一種循序漸進的自我意識和調整，能讓我邊讀邊學習轉換自己的想法。

乙：從前覺得自己的自信和肯定自我存在，但並不堅實！經過這種轉換思考的過程，我益發確信我是以正確的態度和步調在生活。雖然我並不缺乏信心，但它卻能使我產生一種力量，一種源自自己心靈的自在感，感覺暢快淋漓！妳是否也獲得一些啟發呢？

甲：坦白說，看這本書真讓我有一種在層層剝下自我後必須正視赤裸裸原我的感覺，那是一種很微妙又帶點痛楚的「刺激」。因為我太習慣去把自己禁錮在同一種負面想法裡，煩惱無法排除，壓力和病痛自然產生，然後再逐次麻痺自己，變得對內外世界喪失熱誠，最終淪落成哀莫大於心死的空虛，凡此種種，在看這本書的同時就如同掀開瘡疤，預備給它敷藥一般……。

乙：相信那會有一種重新面對自己的坦然吧，至少妳開始有自覺，也逐漸展開改變現況的行動了。

甲：是啊！或者因為自己就像是作者筆下需要扭轉命運之鑰的主角吧，覺得它給了我一種深沉且安定，從我內在湧現的安全感！要全面翻新我舊有的思考模式一定不是一蹴可幾的，我勢必要時時提醒自己！真的很感謝鄭教授這本書的影響。

乙：我也是。認清自己、灌輸自己力量然後實踐，真是一種特別卻又必須的言行思考模式。我相信勇氣、支持和鼓勵百分之九十九來自自己，願妳我同勉之。

甲：嗯，我會的。經過這一番擊碎過去和重建健康心理的歷程，付出少卻有如此豐碩的報酬。我甚至自己設計了一個「幸福桶」，每天把開心快樂的經驗或遭遇寫在紙條上丟進桶裡，看著紙條漸多，幸福也累積得越多！等到桶子滿了，再把滿滿一桶幸福放進回收籃裡。妳看，幸福是可以回收，再去製造新的幸福的欸！每天去想自己擁有的，就會發現其實幸福根本就唾手可得！

乙：而且幸福還是取之不盡，用之不竭的呢！我也要向現在充滿勇氣的妳看齊，用幸福取代庸人自擾，相信在未來，我們彼此都能過得更好，要一起加油喔！

甲：嗯！（笑了）

乙：只要肯定自己、相信自己，願意嘗試、改變，就會發現，很多事情沒有想像中那麼難！

勵志性的作品像一盞明燈，每每讓迷失的心靈找到方向。這一類書籍是青少年成長過程中的良師益友，以本文加以印證，誠然不虛。

二、談《時時刻刻》

施佩宜　黃詩婷

《時時刻刻》簡介：

三個生活在不同時空的女主角、三段看似各自獨立的故事，因二〇年代作家——維琴妮亞．吳爾芙的小說《戴洛威夫人》而巧妙的把三人命運緊緊繫在一起。這是一本談論生命與愛情的意識流小說，尤其是當下頗受爭議的同性之愛。此書獲獎無數，例如：普立茲獎。

佩宜：我想我們分別談論三個女主角，先從吳爾芙夫人談起吧！

詩婷：她是一個內、外在都非常壓抑、活在現實與虛幻交纏中的作家。她不想被現實價值束縛，卻又無法坦然面對自己，因此游移於現實生活與虛幻的小說世界中，這可算是天才的悲劇吧！

佩宜：那我想談談布朗夫人。我覺得蘿拉（布朗夫人）的生活過得空虛，她是一個適合孤單的女性，一般人所謂幸福的家庭生活並不適合她，她不適合扮演為人妻、為人母的角色。我把重點放在她與理查之間的微妙關係。理查的個性有很大一部分受蘿拉的影響。理查從小沒有得到充分的母愛，再加上他心思細密，羅拉許多異常舉動都看在眼中。所以後來理查的同志身分以及自殺應該是蘿拉帶給他的影響

（蘿拉是潛在同性戀者而曾經自殺未遂）。

詩婷：其實蘿拉一直想當個好母親、好妻子，但她心中追求的卻不是現實生活中人們所認為「丈夫、小孩、車子、房子」的家庭幸福，她想尋找真實的自己。生活中母親、妻子的角色令她產生自卑感，就拿烤蛋糕這件事來說，蘿拉一直說服自己「只是烤個蛋糕而已」，但是連小理查都知道，她卻不會。她也是一個充滿矛盾的女性。

佩宜：妳剛才提到吳爾芙努力的想當一個稱職的女主人，卻異常害怕僕人，我覺得這點和蘿拉烤蛋糕的情形非常相似，而且以上兩人都喜歡沉溺在虛幻的小說世界中，也許是因為在現實生活中找不到出口的緣故。

佩宜：該談談戴洛威夫人（克勞麗亞・福瀚）了。在她所處的新時代裡，大眾對同性戀的認知已較以前進步，而她是一個公開的同性戀者。有一次她對她女兒說，當她和女兒及莎莉相處在一起的時候，常心裡感到空虛，她認為最幸福的時刻就像《戴洛威夫人》一書中所描寫的情景一樣，面對美好的早晨陽光，什麼事都不必做，只是靜靜的享受那一刻的美好。我想，她對自己的現在多少無法面對，因此她不斷照顧理查，想藉此回憶、重溫以前她倆在一起的時光。理查應該是她這一生最愛的人，而我認為理查的最愛也是克勞麗亞，因為在理查的小說中，描寫最多的是克勞麗亞而非他的男友。

詩婷：書中理查對克勞麗亞說的一句話令我印象深刻，大概是：「妳（克勞麗亞）不斷的照顧我，是因為我需要妳的照顧，而妳從中得到活在人世的存在感、被需要感以及生命的價值。」這句話帶給我很大的震撼。有時候我會想是否我的存在是為了某些人。克勞麗亞不斷欺騙自己一切都很好，但又害怕失去。她逃避面對真正的自己、逃避面對問題，害怕改變卻又渴望改變。

佩宜：我倒不如此想。在我的認知裡，自己的生命是自己的，而非為別人而活。但我認為每個人的存在都有其意義，都帶著上天賦予的使命。

佩宜：談完三個女主角，我們來談談她們三人間的共通點。

詩婷：全文由「戴洛威夫人說她自己要去買花」帶出三個人的一天生活開始。三個人的生活都空虛而沒有目標，但又藉著外在事物（寫作、做蛋糕、照顧理查）來試圖掩飾和社會的格格不入及逃避真實的自我。吳爾芙和理查的自殺都是因為個人和所處社會的不適合而引發的悲劇，不平凡的人下場總是令人惋惜。在非常平凡的一天，卻經歷了認識自我的過程，短短一直線的故事發展，結果因時代背景不同而不一樣。身處不同時代的三位女性，她們的想法、舉止相似，但因環境、社會接受度不同，使她們面對類似的心裡掙扎而有不同的決定。

詩婷：書中三位女主角其實都是潛在或公開的同性戀者。吳爾芙依戀她姊姊卻有一個非常照顧她的好丈夫；蘿拉喜歡她的鄰居卻必須扮演好妻子、母親的角色；只有克勞麗亞和女友莎莉同居。時代對同性戀的接受度不同，反映在這三名主人翁的命運上。

佩宜：我想造成她們這個感情性向的原因有很大的一部分是因為環境，應該說是外力導致。書中三名女主角的過去與現今對比很值得討論。對她們來說，過去的時光代表幸福與美好：吳爾芙把到倫敦市區的火車時刻表記得一清二楚；蘿拉喜歡從前一個人獨處的時光，因此她選擇離家出走；克勞麗亞懷念和理查相戀的學生時代，所以不斷照顧理查。她們對眼前的生活多少都選擇逃避而不願面對。

佩宜：來談談同性戀議題吧！其實我並不反對同性戀，在現在這麼開放的社會裡，我們對同性戀應要有接受的胸襟，只不過大部分人大概都是表面接受，但內心卻希望別發生在他們身上，尤其是我們的父母、長輩更是無法接受。我曾和朋友談過，我們都認為：不管是同性戀或異性戀，都是單純地喜歡一個人、愛一個人，人和人之間本來就有互相吸引的能量。

詩婷：我希望有一個男同性戀的朋友，就像書中的理查一樣。因為他們的心思細膩，常常能留意到一般人（女生）沒有留意的小細節，對周遭的一切觀察入微，當身旁的人有了異樣，他們應該會是第一個感覺到的人吧！

佩宜：很特別的想法！現在我們來說說心得，我先說。在我看來，這是一個探討愛、勇氣與自我實現的故事。《時時刻刻》中的愛，應該是愛情吧——關於同性戀與異性戀。能愛人是人的一種本能，因為有愛，才有這世間的種種喜樂與哀愁。書中的女主角固然有她們軟弱之處，但我認為她們的生命中也有過人的堅強與勇氣。一個人選擇自殺需要很大的勇氣吧！當吳爾芙站在河畔準備自殺時，她心裡想的是什麼呢？蘿拉自殺未遂只為肚中的女兒，後來離家出走，背負不慈母親的罪名，曲終時理查自殺，丈夫因病過世，女兒出車禍，只剩她一個人活在世上，這同樣需要極大的勇氣。克勞麗亞是新時代女性的代表，但是她親眼目睹理查的自殺，對她想必是一個極大的打擊。

我想，書中三個主角的結局對她們來說都是一種解脫。吳爾芙飽受精神問題的困擾，當她又自覺無法有更好的作品時，自殺似乎是唯一的出口，但是她的精神卻藉由她的作品影響無數世人，永存人間。蘿拉決定離家出走，勇於追求自我，擺脫家庭的羈絆而展開一段新的生活，也是一種解脫。理查結束他的生命，讓自己擺脫愛滋病，也讓克勞麗亞有一個新的開始，使她能夠面對屬於她的人生。這本書能讓我思考生命的意義，即使現在的我對「生命」還只有模糊的想法，不過我詩婷：覺得這是一個需要以一輩子的時間來探討的課題。

這本書一本很棒的意識流小說，改編的電影我也看過，同樣精彩。我對三人的比喻是：吳爾芙是這個故事的作者，描繪一切；而戴洛威夫人則為筆下的主角，真實呈現；蘿拉為讀者，一邊讀著故事，一邊解析著自己。不斷交錯卻巧合相似的內容，令我一再驚嘆。

如同書中主角最喜歡說的一句話「What a beautiful day!」，即使每天有很多問題要解決，但看到第二天的太陽，就會又覺得生命充滿無窮希望。也許我們會抱怨、逃避、受傷、害怕，或思考自己存在的理由，但是終究每個人都必須去面對生命中的時時刻刻，畢竟，當下屬於真實的存活。

後記：之後，又突然覺得此書所述似乎和朱少麟《傷心咖啡店之歌》有些點類似。也許不管身處哪一個時代，人都有太多的迷惘，關於為何要活著？與追求存在的價值吧！無論如何，我們都該面對原本的那顆心。

對談中捕捉了女性在不同時代的相同境遇，對談者——兩個二十一世紀的女孩子深有所感，且能切入幾個重要的主題，頗見慧心。

三、談《北京法源寺》

林立庭

李敖《北京法源寺》簡介：

這是一本以中國歷史為背景寫成的長篇小說。書名《北京法源寺》，全書正是以北京法源寺為主軸，故事從這裡發展。最令人印象深刻的是康有為專注地看著碑文……故事中雖較專注於康有為、梁啟超、譚嗣同、西太后、光緒帝等人的變法、政變，抑或想法，但法源寺總是隱約存在於作者筆下。故事最後又回到寺中——主人翁都不在了，只剩法源寺依舊佇立……

【說明】民國九十二年七月十一日星期五，和國中好友翰林（女的）討論此書。以下我簡稱「庭」，她為「翰」。

翰：這真是一本好書！你選此書的原因為何呢？

庭：第一，我對中國清末民初的歷史超級熱愛，本書的背景正是這一段時期。第二，它是諾貝爾獎提名作品，不過這是較次要的原因啦！

1. 評論

庭：這真不愧是諾貝爾文學獎提名之作。歷史的場景、角色的心態、專業的史事與用詞，都描繪得很仔細且生動，真的很值得一讀。

翰：但我在讀時覺得有些難過……

庭：多少吧！

翰：這段歷史，在歷史課本只是輕描淡寫地描述過去，例如我們連六君子是誰都不得而知。

庭：對呀！看過此書之後，我才發現有一位像譚嗣同那麼偉大的人物。他有可以和梁啟超逃到日本的機會卻放棄，而選擇「血灑菜市口以喚醒人們救中國」的死亡命運。

翰：在書中彷彿見到許許多多的歷史真相，我也見識到本書作者引用史料之豐富，很佩服他能夠利用小說的方式，將這段歷史的無奈及悲哀呈現在讀者眼前。

2 聯想

翰：看完這本書，我想到唸書的重要性！哈哈！

庭：嗯！如同守舊派的慈禧，她的愚昧和不明事理使中國陷入黑暗的深淵……守舊派的龐大勢力壓得中國難以喘息吧！所以我認同你的說法，讀書增加見識真的很重要。

翰：其實，我們讀書不見得只是為了考好大學，讓自己不要陷入無知，才是最重要的目的。

庭：歷史真是一面鏡子，後人應該引以為鑑才是！

3.討論書中人物

庭：我最想討論的人是康有為。在清朝時，他因提倡變法而被視為先知；在民國時，他因提倡保皇而成為落伍守舊的代表人物。在故事最後，普淨（近四十年前在法源寺碰見的小和尚）在寺中靜靜看著他遠去的背影「康先生老了，他走得那麼慢——」他突然有所頓悟，「可是，在最後的這段路裡，他還是走在我前面。」讀到此，心中感觸良深，我認為康有為是悲劇人物，你認為呢？

翰：對呀！其實從歷史課本的描述，會有那麼點不喜歡康有為，反而比較喜歡梁啟超。課本提供的資料實在太少，對其人不很清楚。經由小說，我也認為他的確是個悲劇人物。

庭：我也想討論西太后。一個愚昧又自私的女人掌握大權及任性揮霍，加速了清朝的滅亡。她是一個無能又想專權的女人，或許心中存有成為「武則天第二」的夢吧！滿清衰敗，這也是在世界局勢發展下不得不然的結果！

翰：我倒不會特別討厭她！我只能說，這就是無知的悲哀，她完全拒絕吸收新知，閉塞的思想恐怕很難將國家治得好吧！

4.本書主軸：法源寺

庭：本書開場於此，結束於此，作者手法非常高明，而且結尾：「我們一代一代都傾倒了，只有你佇立。不過，我們樂見你的佇立，我們一代一代把中國人民的血淚寄存在你那裡。——你的生命，就是我們的。」讀來鏗鏘有力，心中充滿的是歷史更迭的蒼涼感，人事變化無常，不衰的是唐代以來就有的法源寺（舊稱憫忠寺）。

翰：嗯！真的很感人，我想起〈張中丞傳後敘〉那一課，南霽雲向浮屠射的一箭，之後被船上的人們相語於韓愈……

庭：我認為，有些東西是不會變的……。

翰：作者的技巧真的很高明，讓人一直隱約看出情節順著法源寺的那條線發展。

5. 心得

翰：許多中國人沒有知識，是一件很悲哀的事。我心一直在想，為什麼會有人做出如此愚昧的事情，設身思考，比較了解他們有不得已的無奈，更深刻體會到知識與胸襟的重要。

庭：有很多真相，若只侷限由教科書上幾行字句求得答案，恐怕有點霧裡看花。讀到清朝歷史，心中隨著那群守舊派的士大夫而悲，卻又不得不跳脫：「這就是中國的宿命。」他們自恃天朝上國，閉關自守，殊不知已畫地自限，卻還沾沾自喜的，與之抗衡的新知識份子或擇以溫和的改良方式，或擇以激烈的革命手段。大家苦勸不住，毅然選死的譚嗣同，他的悲壯、慷慨和守舊派的慈禧相比，德行超出慈禧太多。我認為慈禧是無知的代表，因為她的無知，造成了中國的命運。姑且不論這本書每一部份的描述究竟是真是假，我從書中看出了士大夫的情懷——深遠的，憂國憂民的。我覺得這部長篇，是很棒的歷史小說！

6.後記

最後想抒發自己對歷史的一份感慨。

我總是以為這段歷史可以用輕鬆的態度讀過，卻在翰林一句：「我在讀時覺得有些難過……」竟也覺得有些悲哀。真是奇妙呀！有時候希望有些歷史可以成為永遠的歷史，封印在史書和人們的記憶中。

謝謝翰林陪我討論這本書，好感動喔！

兩人採隨興式的閱讀與漫談式的對話，就當作是一個進入更深化世界的基礎點，日後可再針對本書所涵蘊的內容，發掘更廣闊的探討空間。不過若不想有太大的負擔，僅將本書作為歷史課本的補充與延伸，倒也是一種閱讀法。

四、談《小腳與西服——張幼儀與徐志摩的家變》

孫瑀 羅怡蘋

1.楔子

瑀：看《中國文學發展史》，兩個星期行嗎？

蘋：嗯……恐怕沒辦法，我本來蠻想看《紅樓夢》或是《封神演義》，但似乎也太長了。之前看了《牧羊少年奇幻之旅》，我覺得挺不錯的！

瑀：我之前也看過了，很好看。不如再挑一本都沒看過的比較新鮮……以前我的國小老師介紹我看一本叫《小腳與西服——張幼儀與徐志摩的家變》，妳覺得怎樣？

蘋：好啊！那麼，看完再連絡吧！

2.文人徐志摩

瑀：我不喜歡徐志摩。不知道是否原本對徐志摩沒有特殊好惡，所以很輕易地被書中的論調打動？還是作者張邦梅為自己的姑婆忿忿不平而加入許多不利徐志摩的元素所致？

蘋：我對徐志摩也不大喜歡。我覺得他總愛為自己一些不負責任的行徑作冠冕堂皇的詮釋。浪漫過頭是某些文人的創作泉源，卻同時也是致命傷。任何情境到了他們眼裡，都成了不朽的文學創作版圖，至於是否合乎仁義道德，便不甚重要。

瑀：徐的文采逼人，人緣極佳，在文壇裡備受推崇。然而文人無行，徐志摩在髮妻面前似乎成了雙面人，使張幼儀對他的印象是「充滿冷淡」，無論離婚前後，他對她甚至連人與人之間的基本道義都未做到。我相信這段婚姻並未與徐志摩所謂的理想、抱負背道而馳，而是「一開始徐志摩就沒有給過張幼儀機會的這段婚姻」為徐志摩堅持自由戀愛打了折扣。喝過不少洋墨水的徐志摩並未讓自己對張幼儀的刻板想法變得開放或調整。

在徐志摩和郁達夫這類文人身上，我看到「多情，是多情極了；無情，卻又無情到了極點。」

3.張幼儀的矛盾

蘋：張幼儀原先對林徽音引起了徐志摩非離婚不可的做法頗有妒意，但經過三年在德國的洗鍊，以及無數個奮鬥求存的日子，張幼儀最後卻說，她相信徐志摩除了為了其他女人，也的確有著「為了理想」的成分在。她不怨徐志摩什麼了。

我覺得當張幼儀說「文人就是這副德行」這句話時，其實含有對徐志摩的縱容，張家兄弟更是無一不崇拜徐志摩。張幼儀雖然最後是靠著自己的雙腳站起來，表面上成了新女性，事實上她的骨子裡永遠都是一個「很中國」的傳統女性。

瑀：造化弄人。如果張、徐二人從未相識，張幼儀不一定能這麼傑出。她不恨他，應該與她日後的成就有關，也可能是她的責任感與價值觀支持著她，對徐家不斷付出。動盪時代總是充滿矛盾，尤其是在五四這個時期。即便是身為知識份子的領袖，心裡也填塞了無數「小腳與西服」的影子。二十一世紀，我們又是以什麼樣的眼光來認同自己？惶恐著被認為落伍，還是害怕被形容成忘本呢？從張幼儀的矛盾裡，可以看見更多的矛盾，層層疊疊，綿延至今，伸展到每個人的心版上。

我們沒有必要非穿上「西服」不可，但唯有改造那雙「小腳」，才能抬頭挺胸、昂首闊步，作一個無論心靈、心態，從內到外都「進化」的新人類。

4. 愛的定義

蘋：愛情路短，婚姻道長。

瑀：任何微小的愛都可能是一泉星宿海的源頭，滔滔奔流成大河，像徐志摩、陸小曼那樣洶湧，但容易氾濫成災。在愛的一路上，絕對需要彼此的寬容和讓步，還有共患難的勇氣。

蘋：今日高漲的離婚率早已混亂了愛的定義。比起以前的人，我們對待感情的態度和負責任的程度，不只是停滯不前，甚至一直退步。

瑀：是的。《小腳與西服》就像一面鏡子，映出了過往今昔，讓我反省愛的定義。

行文中揭示對談的重點，具提醒效果。兩位對談者年紀雖輕，卻頗有見地，如「我們沒有必要非穿上『西服』不可，但唯有改造那雙『小腳』，才能抬頭挺胸、昂首闊步」、「愛情路短，婚姻道長」等言，多麼成熟可取！

五、談《傷心咖啡店之歌》

黃彥萍

馬蒂，一個活了近三十年，始終覺得違背自己意願生活的女子，在颱風過境後的台北，來到傷心咖啡店。思路明晰言詞犀利的吉兒，女扮男裝率性可愛的小葉，爽朗直率的藤條，溫柔細膩的素園，以及神魅般的海安，傷心咖啡店的五人和馬蒂的同事、親人交織出她第二十九年的人生。而馬蒂開始一步步去釐清，進而去追尋一個抽象名詞——「自由」。

闔上朱少麟的《傷心咖啡店之歌》，兩道聲音在我腦中嘶吼，她們一問一答、一搭一唱，時而意見相左、時而志同道合。聆聽，並歸類。就取名為S和V吧！於是，有了自己個性的「聲音」，揮灑出以下的對話。

V：故事從馬蒂——本書主角開始，本書大部分也以馬蒂的視野看其他人物。馬蒂是個不太一樣的普通人，從她出色的在校成績和工作能力看來，她挺優秀的。

S：我覺得馬蒂的想法接近很多人：覺得被現實所限，卻又不敢放手追尋，甚至不知道想追尋的是什麼，只明白不想要什麼，於是生活成了折磨。

V：嗯……作者給馬蒂的位置，是位在吉兒、海安與藤條、素園及那些小配角之間。吉兒和海安是精英，儘管他們倆的想法南轅北轍，各有方向；藤條他們便是為謀生而工作的一群，不上不下的馬蒂因而更生困惑。

S：作者給馬蒂一般人的思想，卻也給她特殊的家庭背景，形成她的「疏離感」，她還很聰明，懂英、法語，甚至會寫詩、擔任校刊主編，是有才情的普通人。我不是很喜歡馬蒂。她的疏離感只是因為她不甘心隨波逐流，卻沒勇氣上岸，她試著偏離流向，又被眾人目光刺得導回航向。她追尋自由，又不能為所要的自由不在意他人想法，生活得很無奈、也很無力。

V：大部分的人都是這樣啊！馬蒂很勇敢，自己走向嚮往已久的地方——馬達加斯加，多少人一輩子也提不起這種勇氣，她大可以做比較安全的旅行啊。我不解，自由的代價是賠上自己的命嗎？

S：也不算賠上啊！她領悟了生命是「經歷」的總和，死亡也不過是經歷的一種。

V：她沒能回到台北，我感到可惜。馬蒂的學歷和作者相同，我想作者多少有把自己的迷惘反射到馬蒂上吧！我很想知道馬蒂的體悟，會換來海安和吉兒怎樣的評價。

S：嗯！他們倆的辯論真精彩。

V：我真懷疑作者是不是有多重人格，自己和自己辯得很起勁。但除了海安和吉兒的思想較為立體外，其他人都流於為了生活而折服於現實。幾個學生煩惱為何親手葬送青春，一堆上班族煩惱如何賺多點錢——他們的行業大多不是年少時夢想的，只有藤條甘於賺錢，他坦誠得可愛。

S：對於吉兒的質疑，海安總是從容回應，但我認為吉兒的言論較能打動人心，我甚至認為作者傾向吉兒。吉兒和海安同樣有出色的外在和頭腦，但吉兒還像個人，極優秀的精英；海安是神，他的條件太好，過於優越的背景使得他極不真實。最重要的是，海安的生活沒有經濟壓力，他是時間的巨富。不過他極致的灑脫，卻被愛情所禁錮。他……畢竟不真是自由吧……

V：吉兒。我也喜歡吉兒。她是真正瘋狂過後的沉澱，不是光說不做的。海安是這本小說中最不真實的存在，現實生活中不會有他這種人的。

S：所以他最後消失了。小葉也是，被不知何處來的車載往不知何處。小葉的愛情碎得很殘忍，她放手也放得很徹底。

V：小葉並沒有那些上班族的空茫，她一直以來就活得像自己，心思僅是純純地愛著海安。唔！我也喜歡小葉的真誠，還有素園的溫柔。

S：妳喜歡的人太多了啦！不過傷心咖啡店這六個人各有個性，各有可愛的地方，像現實世界中的人——除了海安，可是有他的思想，沒他的條件的人也是有啦！他們在一起就會做些瘋狂的事，素園也不例外，如對社會的反擊。

V：嗯。書中小角色的心態很能讓人認同，會覺得「我也這樣想過！」不過各種論點把我擊得頭昏腦脹。

S：對！腦子忙到打結。有些景象在書中常常出現，像是……

V：星星！山上的、海邊的，澄澈星空，和由高處俯瞰的台北的燈火。大概是白天大家各忙各的，晚上才有機會聚聚吧！

S：還有颱風。書前、書中、書末都有。作者似乎極愛暴風雨——刮捲，及之後的天空。

V：有個不算場景，但也常出現的……顏色？

S：——藍！

V：天空、海，咖啡店招牌、馬蒂的骨瓷杯，藍好似代表淳淨，又綜合所有。

S：暗示生活該加點藍？

V：也許是暗示我們回歸自然。說真的，我曾想流浪——為什麼用生命中最美好的一段換最無聊的時光？但是現在，我只想好好讀書，考上好大學。

S：這很正常啊！我也是如此。我從來不覺得做個平凡人有什麼不好。

V：不感到遺憾嗎？

S：為什麼會有？走平凡人走的道路，就是辜負自己的抱負嗎？認真地走過生命會感到遺憾嗎？平凡，並不違背自己啊！

V：如果我有理想，我會勇敢去做，也許有一天……但是現在，平凡地不忙著追求什麼，也是一種自由吧！

S：就相信吧！不要把自己逼進死胡同。哪一天，有非做不可的事，就放膽去追。自由，還有時間摸索。

V：自由——真是神奇的名詞啊！——總有一天，會有答案。

後記：

想了很多很多。自由到底是什麼？為了競爭力而讀書的學生、為了家庭而工作的上班族，為了生存……人生中有哪一段是自由的？就因為有所限制，並非要什麼有什麼，所以心境上的開脫就很重要了，不是嗎？

雖然還沒有很明確的答案，但確定的是，要好好過每一天，哪一天有了對自己而言很重要的事，我會像馬蒂一樣，隻身走向我的馬達加斯加。

成長階段，總是對生命的價值充滿迷惘，總是渴望找到自由的定義，總是對未來有好多的疑問。本書具體呈現這個狀況，所以深受許多年輕人歡迎與肯定；而本文能擷取書中幾個重要觀點加以論述，是言之有物的閱讀心得。

六、談《海邊的卡夫卡》

徐小涵

少年：你覺得這本書最有趣的地方是哪個部分呢？

烏鴉：我喜歡裡面天馬行空的想像。

少年：我覺得存在「兩個世界」這個部分很特別。我一直在想，田村進去的那個世界到底是什麼樣的地方？代表什麼意義？他是以什麼身分進入那邊？又帶著什麼使命進去？我想那是一個沒有時間的地方。

烏鴉：你能想像嗎？如果世界上的時鐘都不見了？不在乎遲到五分鐘或一小時，總之，想要做什麼就可以做什麼。

少年：但所有的生活與每天發生的事，沒辦法裝成一個一個檔案夾，所有的事情都變成一大片塊狀。

烏鴉：很悠閒的世界耶……不必緬懷過去。在書本上看見了這樣的一個地方，你不懂也不了解的世界，看著書本，看到書本的血液裡面，好像就這樣走進了一個地方，你會想住在神奇的世界裡嗎？

少年：總覺得……沒有時間的地方——沒有過去、現在與未來，這樣的地方有的可怕，即使是悠閒，也像踩在雲朵上那樣空空的感覺吧……

烏鴉：如果要幫那個地方取一個名字，應該要叫做「虛無」吧……好像什麼都沒有，感覺也不需要，就只有「存在」的感覺……

少年：回憶都不見囉？刪除了記憶，就只能活在那個世界（虛無）中。

烏鴉：我們的記憶會不停的累積，不斷的累積：歡樂的、悲傷的，想甩卻甩不開的記憶烙在我們身上。所以，看來沒有負擔的世界似乎很不錯，田村也許有這樣想過呢！所以他思考該不該離開，但因為他是全日本最堅強的十五歲少年，所以他必須回到這個世界！我們堅不堅強呢？活在世界上接受著每一天每一天的堆積？

少年：我不是個堅強的人，所以常常跟隨著堆積的重量，想水向低處流那樣。快樂、悲傷都因為「堆積」而不可抗拒，但我卻不能像佐柏小姐那樣把回憶灑脫地付之一炬。沒有回憶的人就像一本空白的日記本！空有一頁一頁存在的證明，但卻找不到任何紀錄的痕跡，到最後，日記本還是只是日記本，沒有因為存在而有特別的價值。

烏鴉：就像佐柏小姐好像已經沒有自己，或是說已經把自己困在「海邊的卡夫卡」裡面。

少年：他活在自己的世界裡面！其實這樣很悲哀呀！

烏鴉：其實每個人都多少存在於兩個世界，佐柏小姐的另一個世界是悲哀的！但若沒有另一個世界的存在，現實世界會變得很混亂吧！你的另一個世界是什麼樣子的呢？

少年：你的另一個世界是怎樣的呢？

烏鴉：searching……

少年：searching……

烏鴉：總有一天會找到入口吧……

少年：總有一天會找到入口吧……

烏鴉：然後進去看一看……

少年：然後進去看一看……是不是那樣一個森林……？

後記：

少年是我，烏鴉是一個建中的同學！當初設定這兩個角色，並沒有特別的意義，純粹是因為這本書是以「烏鴉」和「少年」的對話貫穿整個故事，因此我覺得如果設定這兩個角色來對談這本書，應該會蠻有趣的！

這是我和友校社團的好朋友一起完成的對話，當初很想藉機了解他們都是看些什麼樣的書。那一天和幾個人一起去逛書店，大家都跟我說這本很好看，於是就做了選擇。

之前接觸村上春樹作品的機會不多，曾經看過兩本。印象中覺得看起來頗吃力，但這次看這本，不知道是因為比較淺顯有趣，還是自己慢慢夠習慣他的筆法，所以這600頁看得很快，而且有「掉進去」的感覺，想要一股作氣地一直看下去。

最近又聽了同學的意見，開始翻村上的另一本作品《世界末日與冷酷異境》。沒有想到也同樣看得很快，很開心。也許村上寫的東西比較偏超現實，而難以理解，我總是不知道自己到底有沒有真正領悟他想要表達的意涵，但覺得能夠enjoy一本書是一件很棒的事情，這也算是這次進行「二重奏．雙人舞」的小小收穫囉！

讀了村上春樹的書，行文彷彿也有一種村上的味道。對於村上的作品，也許每一個人都有不同的解讀方式，所以，享受閱讀的感覺比抓住正確意涵來得重要，而若能像本文作者一樣，看完書再與好友聊一聊，領略的滋味一定更雋永吧。

* * *

讀書是心靈世界的旅行，而且也是一種印證，一種交通。讀者可以與作者對話——個人閱讀，讀者也可以透過作者，與另一位讀者對話——二人共讀，誠如尼采所言：「讀書可以引領我散步在別人的靈魂中」，這個別人，是作者，也可以是其他讀者。

當兩人以閱讀為中心展開對話，其所閱讀的文本就如同神秘的手指，彈撥起某人心中那根絲弦，發出聲響，引起對方共鳴。如此一來，閱讀的內涵，就變得更豐富更有趣了，不是嗎？

穿梭文字影像間

——觀影習作

思是一條絲，穿梭在文字與影像之間。在思維意涵的織布機上，結合文字的經線與影像的緯線，便能織就美麗的錦繡圖案。

壹、文學家與電影巨匠的對話

陶淵明，一位有所不為、不屑不潔、不慕榮利之士，由於品格高潔、特立獨行，所以詩文創作毫無矯柔雕飾之弊，令人讚賞，且開創田園文學的典範，對後世影響甚鉅。他的詩文宛如一陣起自芬芳山谷又拂入桃花源的自在之風，在充滿壓迫剝削、爾虞我詐的東晉社會，訴唱著珍貴而動人的率真。他的〈桃花源記〉多麼像一盅寒冬的暖菊茶，喚醒了無數人心中早被凍僵的真意。

教過〈桃花源記〉後，筆者安排學生觀賞日本導演黑澤明的〈夢〉之「桃田」，讓學生駕馭思考的翅翼，翱翔於文字與影像之間。

黑澤明，被譽為「日本電影界天皇」的大師，在八十歲高齡時，以個人一生的絢爛深刻和晚年返璞歸真的童趣天然，經由美國支持者鼎力相助，做了一場長達兩個小時的大夢——〈夢〉，據說黑澤明是將自己的真實夢境搬上螢幕，想來，這也是世界電影史上最具雄心的一場夢。

〈夢〉沒有完整的劇情結構，是由八個十至二十分鐘不等的獨立短篇組成。色彩運用與平面構圖匠心獨具，呈現了強烈的視覺效果，令人驚艷。其中「桃田」所展現的畫面與陳述的主題，頗能與〈桃花源記〉作一對照省思。

「桃田」是說女兒節時，小男孩的姊姊和朋友在置放女兒節人偶的房間裡慶祝、吃點心。小男孩在隔壁插著桃花的房間裡看到一位不曾見過的小女孩，他跟著小女孩走到桃樹已經被砍掉的園中，突然，出現一群穿著跟女兒節人偶一樣的人，原來這群人是桃樹精靈，他們極力斥責男孩的家人把桃樹砍掉，男孩痛哭失聲，因為他也非常不捨。人偶皇后理解他的誠心，他們決定讓小男孩再看一次桃花盛開的景象。人偶跳起祭典舞蹈，之後，繽紛的花瓣紛紛從天而降，桃樹上竟然開滿桃花，小男孩又驚又喜，恍惚之間，桃花又消失了，只剩下盛開花朵的一棵桃樹。

張韶君對本片有極佳的詮釋：片中社會化的姊姊與其他朋友都沒有看到小桃花精

靈，只有小男孩看得見桃花精，因為「他滿心童真、嚮往美好，召喚出神奇的力量，所以見得到桃花齊放的美景。」這種心態不正如〈桃花源記〉中漁人必須「忘」路之遠近，跳脫與現實的距離，才會有「忽」逢桃花林的驚喜而進入桃花源嗎？

而「小男孩的姊姊忙於社交，始終看不到桃花精，因為她的心思著眼於現實，也許她在家人砍掉桃樹時，不是渾然未覺就是無動於衷，對美對真的感應能力就在社會化的成長中漸漸迷失了。」

至於「片中未出現的大人，他們做主砍了桃樹，則是親手扼殺純真與美好的元凶，只因在他們的價值觀中，現實的利益勝過其他」。這種表現吻合〈桃花源記〉中漁人「處處誌之」的作為，他由純真至機心的心境轉變，「遂迷不復得路」，就再也找不到桃花源了。

為何我們心靈的純真以及對美的感應會日益淡薄？是心態的轉變？是年齡的關係？〈桃花源記〉與〈夢〉之「桃田」的刻劃同樣令人引人深思。

如此以文本與影片互動，文學家與電影巨匠對話，呈現想像與創意，並透過二人所勾畫的桃花源，筆者期待學生從而思索屬於自己的桃花源為何，從而在生命歷程中付諸追尋或建構。

貳、紅氣球的夢想

有一部一九五二年法國出品的老片〈紅氣球〉，曾在沉悶渴睡的暑期輔導課中，帶領同學回到童年，重新經歷一次小小的冒險……

本片敘述一個小男孩在上學途中撿到一只美麗的紅氣球，他小心翼翼帶氣球上學、回家。後來發現氣球竟然有靈性，鬆手也不飛走，處處伴著他，他們成為好朋友。其他孩童嫉妒小男孩擁有獨特的紅氣球，伺機搶走，他們綁住氣球，用石頭丟、用彈弓射，最後，氣球被頑童一腳無情地踩破。

忽然，小女孩手中的藍氣球飄走，廣場上三三兩兩的氣球飄走，小販攤位的串串氣球飄走，家家戶戶的氣球都飄走，五顏六色的氣球全飄向哭泣的小男孩。他看見飄來許多五彩繽紛的氣球，最後，乘著氣球飛上高高的藍天……

* * *

小小的夢想可以在平凡的環境中萌芽，一如小男孩在上學途中會邂逅紅氣球。紅氣球伴隨小男孩一起探索世界的美好，發掘生活的新奇。啊，原來童年依舊，夢想也並未遠颺……

一、造句

看完影片，筆者先請同學以「氣球」和「童年」兩個詞語造句：

1.氣球是童年回憶的暫留處。（徐嘉璘）

2.我們都有一顆小小的紅氣球，牽著長長的絲線，帶我們從童年走向永遠。（楊雅雯）

3.乘著氣球，從忙碌的現在飛翔到懵懂的過去，見到手裡拿著氣球的自己那燦爛的笑容，原來我並未失去，因為曾經擁有。（林立庭）

4.紅的、黃的、白的，且將我童年那近在眼前卻遙不可及的夢想，寄託在一顆顆鮮豔的氣球中，讓我脆弱的小小希望航向無垠的天際，愈飛愈高，越飄越遠……（林瑜芳）

5.童年的夢想，就像被無形細繩繫在心中的一顆氣球，很輕，卻能帶我的心飛翔。（施佩宜）

6.夢想是充滿氫氣的鮮紅氣球，線的這一端牽引著懵懂的我，而繫住希望的那一頭，是期待夢想成真後的累累豐碩。（許恆慈）

7.像氣球充氣後飛向空中一樣，童年靠著夢想成長。（蔡家宜）

8.當手握住氣球，童年開始輕盈而展翅飛翔，穿過雲層，飛越夢與想像，幸福就在彼端。（羅怡蘋）

9.小時候，我和我的童年拉著心愛的氣球一起在海邊奔跑。當我發現氣球遠遠地變成了黃昏的太陽，童年也成了一幅記憶中的圖畫。（戴欣樺）

10.回望。五彩渲染成的童年，一片深淺濃淡中，飄盪著無數顆氣球，那都是丟不開的深刻，開心的、難過的，繽紛了記憶的寶盒。（黃彥萍）

11.抓不住那橙色氣球，只能望著河面上蕩漾的一抹澄影慢慢淡去，童年也隨碎波流逝了。（康玉蓉）

「氣球是童年回憶的暫留處」，誠哉斯言，簡潔有力說明了氣球之於童年的意義，同學都將氣球定位為永恆的象徵，惟前十例以正面的筆法表述，後一例則以相反方式表述手中的氣球鬆脫即意謂童年流逝，各有佳妙之處。

二、心得寫作

其次，在簡述「觀影心得寫作要點」後，請同學寫作觀看影片的心得。

1.觀影心得寫作要點

1.心得內容要與影片結合，不要無中生有寫出與影片全然無關的文字。

2.寫法可以夾敘夾議：簡單引述劇情，再加以詮釋解讀；也可以取擇一個焦點，加以發揮。有一種寫法是寫作的內容雖未與影片相關，但取材與影片一致，而達到呼應的效果，亦可視為「觀後感」。

3.內容可以議論，詮釋影片的意旨、解析影片重要的象徵意涵、比附社會現象加以闡發；也可以抒情，抒發個人聯想、用親身經驗或現實狀況來對應。

4.不必非得探討重要畫面背後的意義不可；也不必非得以「載道」的理念來統攝影片的內涵。與其急於探討其深厚的意義，不如掌握有趣令人莞爾的、令人感到溫暖的旨意，只要以單純的心享受觀影樂趣，寫出個人別有會心處或獨特的審美意念，作品的情味都會勝過嚴肅的論述。

2佳作欣賞

戀愛三部曲——〈紅氣球〉觀後

小男孩與氣球的互動，不就是「戀愛三部曲」嗎？

戀愛的初期為試探期。雙方都大膽地揣度對方的心意，但在行動上卻又小心翼翼，深怕一不小心採壞了剛冒出土的新芽。心頭的人影像鬼魅一般，閉上眼，對方是一道刺眼的光芒；睜開眼，對方是時時隨行的影。兩人並肩走著，極靠近又有一定的距離。一如片中男孩和氣球走在街上，男孩想拉著氣球一塊走，氣球卻像和男孩玩捉迷藏。在這一進一退之間，他們漸漸了解對方，愈益親密。有人說：愛人痛苦；有人說：被愛痛苦，但我認為，愛人與被愛的本質都應是幸福。

接下來是熱戀期。儘管兩個人行動比一個人較為不便，卻也是一種甜蜜的負擔。無法帶著氣球上下車，男孩只好拉著氣球一路跑到學校，也許辛苦，他卻不覺得孤單。這時候的兩人眼中只看得見對方，即使身旁有極好的風景，也只是陪襯。走在街上，男孩完全無視一旁驚訝與好奇的目光。此際，或許不時有外力干擾，但兩人總是能穿越各個限制，找到彼此。常常，熱戀中的雙方會為對方做出一些不合規範的行為，但相對於偉大的愛情，這一點小踰矩又算什麼呢？雨天時同撐一把傘，傘外又濕又冷，傘內一片暖烘烘。晴天時一同逛街，即使只是幾秒不見著人影，也心急如焚。這是甜蜜但帶著一點點苦澀的熱戀時期。

世界上的一切人事物沒有所謂的永遠，所以最後一段為愛情的消逝期。努力過卻又無力挽回，那時最是無可奈何。但即使是一段微不足道的愛情，也足以使我們的人格更加成熟。因為愛過，所以成長；因為曾經付出：所以學會珍惜。因此，失去了卻能獲得更多。

影片結尾，那群搗蛋的小朋友並不懂得什麼是真正的愛，所以他們不但失去氣球，也失去他們自己；相反的，小男孩有一顆高潔的靈魂，因此，他能邁向更開闊的未來。

紅氣球之於小男孩，一如愛情之於人們，不是嗎？（施佩宜）

這是一個奇妙的聯想，「愛情」與「氣球」異類，「戀愛的過程」與「小男孩及氣球的互動」卻具同質性，作者別出新意，結合二者，非常有意思。

尋找生命中的紅氣球——〈紅氣球〉觀後

又是多風的一天，我的心情像身上的黑裙飄呀飄呀。過了第一堂課，浮定不止的心突然被「紅氣球」這部短短的電影給拉了回來，有了一個新的體悟。

影片第一幕就讓我驚訝不已，巴黎街道的早晨如此的灰暗、低沉，空氣中似乎有無形的力量把人緊緊壓著，小男孩孤單的腳步聲在石子路上旋繞不去。下雨的日子，陰暗的色調，一股淡淡的憂愁充斥，在沉重之中，紅氣球的紅令我眼睛為之一亮。又紅又大，充滿活力而顯目，活像在黑暗中的一個光點，照亮了小男孩的世界。

小男孩的日子並不好過，有不准他帶氣球回家的奶奶、可怕的校長，回家途上更是充滿了小混混。他和紅氣球的邂逅改變了他的生命。

看看小男孩，再想想自己，我雖然沒有被人追趕，但被困在現實中不能掙脫，倒是和他有同病相憐的感覺。我羨慕小男孩找到了他的紅氣球，給了他生活中可以期待的方向。

令我感動的是小男孩對紅氣球的執著。他握著紅氣球的線，在泛黃的巴黎巷道裡躲避其他小孩追趕，雖然明知以一敵眾，他不放棄他的希望。反映在人生上，就是對理想永不熄滅的熱情吧！

片尾，紅氣球破了，但我不相信這是理想的終點。事物的結束往往是另一個開端，小男孩失去了紅氣球，卻得到其他氣球的友誼，他被七彩氣球簇擁著飛向天空，不正象徵理想和對未來的希望永不止息的嗎？

看完電影，我才驚覺與其抱怨日子的苦悶，倒不如積極尋找生命中的紅氣球。用自己最大的努力去追求和維護這股熱情，縱使失敗了，也告訴自己，這只是一個開端，總有一天，我會找到屬於自己的一片天。

我期許自己也能找到生命中的紅氣球。（徐嘉璘）

紅氣球與我——〈紅氣球〉觀後

每個人心中都有一顆氣球——紅色的氣球，代表自己的夢想與堅持。無論別人出以責備的語氣或是異樣的眼光，自己都不願放棄。為了這顆紅氣球，小男孩願意一路奔跑到校；為了這顆紅氣球，小男孩願意淋雨；為了這顆紅氣球，小男孩願意被學校老師處罰、願意和搶走它的人對抗、願意……。

小男孩的世界，就是人生的縮影。當我們追尋夢想時，一定要面對許多挫折和困境，無論是內心猶豫，或是外在阻撓，例如：家人的反對、親戚朋友的輿論，甚至是旁人異樣的眼光等，這時，堅定與勇氣就是鼓勵我們更緊握這顆紅氣球的力量了。如果能不放棄，就算遇到極大的瓶頸，仍會因為對夢想的熱愛與執著而使夢想重生，更繽紛、更有活力。

很多時候，夢想是一個人獨有的。它不太能與人分享，它也不會有語言表達的能力，可是，它卻像朋友一般，能使我的喜悅加倍，憂愁減半。當我快樂時，我覺得距離夢想更近了——於是我更快樂。當我悲傷時，我想到夢想還在前方等著我——所以我拋開憂愁，努力追求我的夢想。不過，追求夢想的過程中往往是孤獨的。那種寂寞是很深沉的，有時累了，偶爾停下腳步，才發現孤獨是這麼令人窒息。明明本來就知道自己是一個人在奮力追求這個夢想，可是看看身旁沒有任何掌聲、沒有任何支持，還是每每被這種落寞狠狠地打擊，連還手的力氣都沒有、喊痛的資格都沒有，因為——這是自己選擇的路。於是，要學著堅強；於是，要學著勇敢；於是，要學著不怕寂寞。

我想，或許總要經歷過這些不知道該怎麼和人說的歷程（這麼多的汗水要怎麼說？

這麼多的淚水要怎麼說？這麼深的孤單要怎麼說？不如就學辛棄疾「卻道天涼好個秋」吧），才能享受實踐夢想的甜美，才能飛向屬於自己的那片藍天。

或許，在天空彼端就有惺惺相惜的人。（李麗君）

懷抱夢想之旅——〈紅氣球〉觀後

世界永不衰老，衰老的是我們。兒時夢想多遠大，撐得結實飽滿，飛得老高。我們與它對話，建立起親密的情誼，賦予它生命。緊握絲線，另一端是兒時的動人形象與鮮豔色彩。如果說有夢最美，那麼小小年紀裡的遠大夢想總是更加彌足珍貴，綿軟的童音沒有一點兒猶豫，急急的想飄往天空，進一步參與這個世界。

然而現實是一張可怕的網，撲天蓋地的讓你無處逃亡。日復一日，年歲漸長，我們不斷努力，為了避免失望。有的時候陷入徬徨，也能很快的再度看見希望的光。但是有一天當我們發現真我不知去向，世態炎涼，遍體鱗傷，堅持下去走完這一場，的確需要無比的勇氣與堅強。

幻滅，當紅氣球不斷縮小，無力地負傷倒地，沒有人不為了那一聲無情踩踏忿忿不平。看到成群的氣球湧來小男孩身旁，卻又覺得溫暖不已。

是了，「知道自己要往哪裡的人，世界會讓出一條路來讓他去。」當一個人執著到傾注了自己整個兒的生命，無論結局如何，過程都充滿意義。

「紅氣球」教人學會一無所懼，只要懷抱夢想，不必在意踽踽獨行。生命，終將墜落緩緩，然而它的價值會聳立雲端，精神長在。（孫瑀）

永不墜落的飛行——〈紅氣球〉觀後

如果把氣球比喻成理想，這部電影未免也太典型了吧——發現理想，追求理想，遭遇困難，克服困難，雖然一度破滅，終究成功隨之而來。

從小孩子天真的眼光來看，這部電影不就充分表達出天馬行空的幻想嗎？與氣球的巧遇，與比人更人性化的氣球的互動，中間經歷的風風雨雨，氣球之死，乘著五彩繽紛的氣球遠走高飛……正是這些超現實的情節讓故事吸引人。

從實際的觀點來看，聯繫氣球與小男孩之間親密關係的，不就是想像力嗎？小男孩最後搭乘氣球翱翔天空，不就是以想像力為雙翼，自由自在翱翔於晴朗的天空中嗎？

有理想，人不一定快樂，有想像力，卻隨時可以取悅自己、娛樂自己；理想要費力追尋，想像力可以讓人縱情其中；理想可能會幻滅，想像力永遠不死……（張書怡）

多數同學以紅氣球作為理想的象徵，〈尋找生命中的紅氣球〉、〈紅氣球與我〉與〈懷抱夢想之旅〉三篇文章皆具有代表性。她們在文中表述了對成功的看法，認定成功會跟隨下定決心不放棄的人，就算不被任何人肯定，只要相信自己，找出自己的路，緊抓自己的理想，終究會成功。

而〈永不墜落的飛行〉作者將紅氣球解讀為想像力，本文因而顯得輕靈活潑，與影片的童趣相符相應。

想望——〈紅氣球〉觀後

有幾個人在走過童年後，還能守著童年時期也許微小但美麗的夢想？有幾個人在成為「大人」時，所想所做的，是自己真正希望的？

曾經，想望的種子灑在每個孩子的心頭，在細心呵護下發芽、成長、茁壯。這株幼苗以單純的信念為養分，十幾年來穩定地吐露一片片葉、一朵朵花，它成了一株茂盛的樹，就要結出果實。當年的孩子也面臨了抉擇，他的長輩們誠懇地握著他的手，被魚尾紋環繞的眼佈滿期待，他的態度軟化了，垂著頭拿起斧頭，向樹揮去。

一定……得如此嗎？為什麼現實與夢想總是不可兩全？自己人生不是屬於自己的嗎？如果是，那麼他為何要砍下想望的樹，上一流的學府，進一流的公司，過著別人所謂「正常」但他並不喜歡的生活？

為了生存。因為精神生活是建立在物質生活之上。因為雖然不想隨波逐流，卻又不夠勇敢強壯到能完全無視世人的眼光。是不是每個人都一樣？為了將來努力，等到孩子養大房貸還完，人也老了，動不了，一生就如此走過。

不！只要堅持，只要有一點堅持的勇氣。將物質的需求降低，勇敢地，追求自己想要的。勇敢一次，只要一次，去完成滋養了許久的大樹，去摘取最甜美鮮嫩的果實。因為在幾十年的悉心照料下，想望認得了自己的主人，它是如此無怨無悔的跟隨，只要沒被拋棄，便緊緊地、緊緊地……即使被所有周遭的人追打、負傷，也不會死亡，因為當一個筋疲力盡了，就會有許多其它的來支援。

只要能堅持，終能攀著想望，到達夢想的天堂。（黃彥萍）

專注愛戀的簡單——〈紅氣球〉觀後

當我看完這部電影時，感覺上好像被判了死刑一般。

在觀賞的過程中，我不曾為紅氣球與小男孩的互動感到開心，也不曾為紅氣球破了而生氣憤怒，我只是漠然地看著很多事發生，在我腦海裡，似乎從來不曾有過任何對紅氣球的記憶，我覺得氣球好遙遠、好陌生。直到，無數個彩色氣球從窗戶、從小販手裡飛出，湧向小男孩，有些什麼才在我心裡慢慢發酵……

童年，小孩，氣球，在每個人腦中築構了一個純真的、遊樂的、過去的場景，在我們懷想過去之時，其實是某種程度上嚮往單純的心情。那種單純，是不必顧慮他人的想法，是一點點為所欲為，是可以喜歡就愛，不喜歡就甩頭離去的簡單，對人，對事，對物都一樣。我不僅在過去事物的影子裡尋找這份心情，更多的時候，我對未來也抱持同樣的態度。

理想，就是那個吸引人的東西，當我追尋某事某物到無法自拔的時候，理想於焉而生。許多人面對理想，也是這麼樣單純的心理，所以我們可以在理想中固執，在理想中任性，在理想中愛恨分明。就像為了紅氣球的小男孩，世界可以單純到只為氣球而分明，人可以為了氣球義無反顧。

看到小男孩對氣球的執著，我想到許多人往往一味看著前方，卻在每天勞累忙碌的生活中，漸漸遺忘童年曾有的單純心情。就像當人們愉悅地滿足於手中的名牌Prada和Hägen-Dazs冰淇淋，而放棄了手中原本握有的紅氣球時，純真的童年也隨著氣球悄悄飛離，單純喜愛一件事的心情也漸漸抽離。不能專注愛戀的人，還有什麼資格說自己的理想？

電影最後一幕令人印象深刻。全片大多繞著小男孩和紅氣球的互動發展，但末了卻有數不清的氣球從屋子窗戶、小販手裡、車裡飛出來。其實有理想的人很多，能夠擁有單純心情並不孤獨，還有許多人極力尋找遺失的單純，全心全意愛自己的理想，那些相同的心會產生一股巨大凝聚力，足以簇擁著小男孩飛上天空。

也許，我也是無法專注愛戀的一個，是與單純疏離的一群。而現在，我提醒自己，

對於我所堅持的，有固執之必要，有傻勁存在之必要，更有單純之必要。（陳沂萱）

兩篇文章重點不相同，〈想望〉與〈專注愛戀的簡單〉各有特色，前者意涵其實與許多人解讀的理想並無二致，但換個詞彙，涵括的內容就更寬廣，可隨個人設定；後文以「單純」為線索貫串全文，所談的不是一個目標，而是一種態度，故能另闢蹊徑，言人之所未能言。

參、影像閱讀

閱讀喚起美好的記憶，讓我們一輩子受用不盡。閱讀，也是娛樂享受、品味象徵、深層的感情與依賴。

而閱讀對象本來就多彩多姿、不拘一格，幾乎什麼都可以閱讀，我們也可以用各種方式閱讀。書頁上的文字只是閱讀的諸多面相之一，我們在生活中閱讀，在旅行中閱讀；我們可以閱讀一幅不復存在的天文星圖，閱讀自然的雲雨山水草木，閱讀舞者在舞台上的舉手投足，當然，我們也閱讀螢幕上的聲光動畫，觀賞電影巨匠在夢的櫥窗展示心的思維，隨著影像享受身歷其境的快意。

乘著思考的翅膀，飛翔於文字與圖象之間，這一群習於聲音光影眩惑（或者說被螢幕寵溺）的孩子往往有著令人驚喜的敏感度與新創意。

附錄：校內、外比賽得獎暨學測成績優異作品

一、救國團《北市青年》第十二屆金筆獎創作比賽高中散文組第三名

奶奶的蘿蔔糕

施佩宜

好想念奶奶的蘿蔔糕，特別在這樣陰冷的寒冬裡。今年春節爸爸媽媽決定不返鄉過年，理由是學測將近，為了讓我專心準備大考，免去舟車勞頓之苦。「什麼差勁的理由嘛！」我小聲地抗議著。念此際，外頭陰霾一片，我的心好似也被一空濃密的烏雲籠蓋，久久不開……

每次看到市面上令我胃口盡失的蘿蔔糕，那一片潔白似雪，耀眼的光芒總會反照我內心深處的明鏡，塵封著的記憶一一湧現，使我想起那一段童稚天真的過往，尤其，不由自主的懷念起奶奶的蘿蔔糕。

對中國人來說，糕類食物具有特殊的象徵意義，也帶有濃厚的民族情感。特別在過年時，年糕更是團圓飯桌上不可或缺的應景食物。

奶奶的年糕在平常日子是無緣享受的，因為製作過程繁雜又瑣碎，只有在過年時，

為了祭祖以及家人團圓才會費時做年糕。對奶奶來說，每年年節做年糕已是例行公事，即使再辛苦，也不會買市面上的年糕，而堅持從以前到現在的傳統。在她心目中，做年糕是個甜蜜的付出。奶奶每年都會做兩種年糕：一個紅豆年糕和一個蘿蔔糕。奶奶的蘿蔔糕永遠是我年節時的最愛。

已經忘了確切年齡，只記得那時我的身高只到奶奶的腰，正是個對事事充滿好奇心的小丫頭。小時候最喜歡過農曆新年，因為奶奶要做年糕，必須把米搬到小街上請商家磨成米漿。平常很少出家門而又鬼靈精怪的我，總會利用這個難得機會，央求奶奶帶我出門體驗年節的歡樂氣氛。年節時小街上人潮擁擠，奶奶總要我緊緊抓住她的衣角，深怕她一個不小心，我就走失了。可我偏不聽，那時候小小年紀的我，最大的心願就是快快長高，這樣就可以不必被要求緊緊跟在長輩身後以及老是被牽著手。

從小街上回家後，奶奶就展開一連串做年糕的過程。我總在一旁看奶奶在廚房裡忙近忙出，奶奶總不許我插手幫忙，我只好百般無聊的等待、等待、還是等待。首先，奶奶得先把要放在蘿蔔糕中的材料準備好。奶奶的蘿蔔糕之所以和外頭的年糕口感不同，很大一部分原因是奶奶在蘿蔔糕裡加入她親自磨細的蕪菁。接著奶奶把香菇、絞肉、紅蔥頭和小蝦米放進鍋中爆香。那種香味，記憶中的特殊香味，我一輩子都忘不了。這樣的材料實在不算豐富，但奶奶總是盡她的全力把蘿蔔糕做到最完美。香菇是特別到乾貨店挑選的，還沒泡水前就散發出濃濃的香味；絞肉是在做蘿蔔糕前向肉販預定的，因此吃起來的口感和一般絞肉直有天壤之別。準備就緒後，奶奶把所有材料放進兩人合抱的大蒸籠，費力攪拌幾下，開始升火蒸蘿蔔糕。這時奶奶就把看灶火這工作交給我，因為她得忙其他工作。雖然我被分派的工作量很少很少，只要添木塊、翻動灶內木塊，但我可感到興奮不已，因為這是我唯一可以幫忙之處。記憶中，從生火到蘿蔔糕蒸好得花上好幾個小時，因此我每次都看著刺眼的灶火以及蒸騰的煙霧慢慢進入夢鄉。等我醒來，蘿蔔糕早就蒸好了。

奶奶的蘿蔔糕給人雪地似的感覺。我喜歡看著圓形蒸籠內的蘿蔔糕發呆，想像北方國家冬季下雪的情景。我想像鮮白色的糕體是晶瑩的雪花，點綴其中的材料是被寒風吹落的枯枝和乾葉。奶奶的蘿蔔糕竟神奇地使居於亞熱帶的我神遊夢幻到雪的國度，更增添幾分過年氣息。

有一年除夕，我和奶奶鬧脾氣，不陪她去小街，也不幫她看灶火，到一個小角落躲起來。最後，奶奶終究找到我。本以為她會對我大聲斥責，結果她把雪白的蘿蔔糕遞到我眼前，溫柔的說：「吃吧！」我的視線開始模糊，眼淚無聲無息地落在碗中，之後的一切幾乎全忘了，只記得那年的蘿蔔糕特別鹹，也特別好吃。

近幾年來奶奶的蘿蔔糕越做越少，很擔心有一天再也無福享用。從小被奶奶慣壞的胃對於坊間偷工減料的蘿蔔糕總會吸收不易、消化不良。如果時光能倒轉，我希望我仍是當年那個天真小女孩，陪奶奶上街，幫奶奶提重物，把奶奶那雙長了厚繭的手握的緊緊的，再也不放鬆。

二、救國團《北市青年》第十二屆金筆獎創作比賽高中散文組佳作

啜一口甘醇

黃詩婷

仍舊無法忘懷那份記憶中的甘甜，是如此的清晰又香醇。一口口入胃後傳來的苦澀再轉化成喉舌觸到的悸動，細嚐回味後才可隱約感到身入仙境般的飄然，甜美到渾然忘我之時又突然恍然大悟般的暢快，我在忘我的這一刻，臨風遨翔、心寧如止水。

貓空，一個令我留戀的小地方。對許多人而言，是走入自然或放鬆的天堂。依稀記得那天晚間十點多，父親心血來潮的要帶著全家去品茶，到一個神秘又吸引人的國度。而那年，我國三，正面臨升學壓力和抉擇未來的時刻，內心充滿著不安及徬徨。

車子順著蜿蜒的小徑緩緩向山上開，路旁微亮的螢火蟲和天上的星子互相輝映，雜草中傳來蟲鳴的協奏曲，月光彷彿在指引路一樣，把四周渲染成銀色的世界。到達目的地後，必須順著幽幽的小徑走一段路，我細細品嚐這分古意，小徑旁是熙熙攘攘的人群，為這分寂靜添加了香料。典雅的古屋，木雕的屋頂，昏黃親切的木製招牌暈渲成的

雅致，空氣中嗅到絲絲木頭的芬芳，彷彿遊走在詩畫中逍遙自在。

選定一家能挑望山下的小店，坐定後，點了些許小點心和茶類，在沁涼的夜風中，我靜靜等待，等待著這靜謐的夜空將會帶給我什麼。沒多久，上茶。剎那間，空氣中的味道充盈著古意，咖啡色的精巧木雕茶具嚴整以待，熱水注入壺中，頓時，又是一陣等待。待微黃的茶水注入小巧雕花的杯中時，一股白煙緩緩上升，些微的畫破我眼前深藍色的蒼穹，猶如一幅圖畫，包含了夜的味道，朦朧之中我的心感到開闊。空氣中帶點青草的香，混合著茶香和傍晚那場大雨過後的潮濕氣味。拿起杯子，嗅著、聞著，一股沁鼻的茶葉特有的淡雅瀰漫在這片古意中，心中彷彿被投入顆石子，漣漪微起。倚著此股淡雅芬芳，淡綠色的茶葉在杯中翻滾、起舞、舒展著那被緊繃已久的身子，那分輕巧、俏皮令人會心一笑。將杯子微微靠在唇邊，輕啜一口微燙的甘醇。初入口時，是溫潤飽和的液體，接著一股香氣馬上充滿整個口腔，苦澀中略帶的甘甜在口舌中翻覆，吞入喉中，回味的清香和綠意溶入體中，頃刻間，身體感到一陣微麻，腦中的思路輪廓更加清晰，心湖中的漣漪再次被挑起，猶如置身仙境般的奇妙。飲下第二口，液體緩緩流入喉舌與我的思緒融為一體，把雜念一掃而空，這股注入內心的小小驚奇為我的生命挑起了波瀾。將整杯茶品味完畢，口中還殘餘著回甘的清香，全身感到無比舒暢。我細細回味，回味彷彿置身在佈滿綠意山林中的那一刻。我飲下一口芬芳、一杯綠意，也飲下一分典雅。

心，平了、靜了。即使仍舊要面對外在的升學壓力，這一夜，在銀色的月光下，我啜飲一分感動，這分溫馨圍繞著家人和我，當下的心情，似乎能稍稍了解到蘇軾口中的「浩浩忽如馮虛御風，飄飄忽如遺世獨立」，有點深刻卻貼切。

即使已經過了那麼久，但那樣靜謐空寂的夜裡，那一口香醇至今仍然環繞在我的回憶中，伴著月光和星子，和小小的感動。

三、台北市立中山女高92學年度高三作文比賽第一名

「古典小說人物評述」題意說明：

1.水滸傳敘一百八人，人有其性情、人有其氣質、人有其形狀、人有其聲口。
2.請就中國古典小說人物，任擇一人。就此四方面：性情、氣質、形狀、聲口加以介紹。
3.並對作者塑造此等人物，加以評述。
4.自訂題目，文長不限。

深鎖紅樓裡的佳人

孫瑀

「滿紙荒唐言，一把心酸淚。都云作者癡，誰解其中味？」紅樓夢之所以不朽，之

所以為人傳頌，除了有不少人「能解其中味」之外，其中一重要因素自然是人物塑造的成功。如果金聖嘆讚譽的水滸傳人物代表了陽剛之氣，那麼紅樓夢裡的角色則充滿了陰柔之美。

「金陵十二釵」當中，令人印象最深刻者莫過於林黛玉。黛玉自幼喪母，多愁善感，性情孤傲且不善交際，擅於詩書，是才貌雙全的女子。心胸狹窄，所以沒有什麼朋友，甚至常常樹敵，傷春悲秋的文人性格也影響了她的一生。「想眼中能有多少淚珠兒，怎經得秋流到冬、春流到夏？」黛玉可說是「壓抑行為、深化感情」的典型，完全性靈的生活就此創造了她，也毀滅了她。且聽黛玉望著滿地落花自訴：「今日我葬花，明日誰來葬我？」看待感情之重，心思之密，可見一斑。

另外，作者描寫黛玉形貌，也極為出色。寶玉初見黛玉，便形容她「兩彎似蹙非蹙籠煙眉，一雙似喜非喜含情目。……閒靜似嬌花照水，行動如弱柳拂風。」還說她「心較比干多一竅，病如西子勝三分。」徹底地展現黛玉外在的精髓，一個柔美病態的女子立即躍然紙上，一顰一笑，歷歷在目。

黛玉的才華也是非常出眾的，在「林瀟湘魁奪菊花詩薛蘅蕪諷和螃蟹詠」一回裡，黛玉的文筆驚艷四座，如「毫端蘊秀臨霜寫，口角噙香對月吟」等雋永佳句，令人激賞，無怪乎為眾人評定為第一名。

雖然後半部紅樓夢已經不是出自曹雪芹的手筆，但我想悲劇的終結——黛玉之死應該是沒有違背作者本意。黛玉心眼雖小，但胸無城府，思想單純又不懂人情世故，哪裡敵得過聰明又心機深的寶釵呢？黛玉對感情的執著，已註定了她的結局，然而寶釵最後也並沒有得到她想要的，千方百計換得一場空。我想作者以黛玉這樣精緻的靈魂當作夢裡的絃，輕輕撥弄著賈府裡的算計、陰謀原音重現。

四、台北市立中山女高文學風景徵文第23回散文組佳作

寂寞

陳沂萱

寂寞是被遺忘在牆角的一隻鞋，孤伶伶地令人想問，另一隻鞋呢？寂寞是一隻脫隊的野燕，兀自飛行著，在廣闊的天空中尋找同伴。

大多數的時候，人們身邊有家人，有朋友；然而，有時候，也許有些刻意吧，就那麼地成為牆角的一隻鞋，獨自享受一個人的愜意與清醒；在清晨與深夜，在擁擠的街頭或安靜的房間。寂寞，何嘗不是一種和自己對白的遊戲？

但一隻腳的鞋子沒有任何用處，即使是眼前有眾多色彩繽紛，樣式多變的鞋群，每隻鞋都能找到另一隻鞋。可是，當人們孤身尋覓一個懂自己性靈、足夠與自己生命相對應的同伴卻遍尋不著時，個人價值的思考，於焉而生；被了解的渴望，於焉而生；寂

寞，於焉而生。縱使那人總是站在人群背後，孤獨地放逐自我，又有誰能肯定他不是驕傲地、靜靜等待一個會和他一樣走出人群的同伴？

然而，寂寞更愛以另一種姿態出現。寂寞，是狂歡派對後，屋子裡的遍地凌亂；是朋友聚會後，回家路上的一支支路燈；在喧嘩和平靜之間，在燈明燈滅之間，隱隱嘲笑失去人群的「那人」，那笑聲威力十足，隆隆作響，令人無地自容的。寂寞，震耳欲聾。

寂寞，其實是一隻變形怪，在生活的每一刻等待趁虛而入的機會，時而陪伴人們，考驗人們，嘲笑人們。寂寞不該這麼有生命力，不該這麼的千變萬化，但熱鬧的人群和渴望關愛的心靈，無形中豢養著寂寞，使它壯大；就是因為有人群嘻鬧的歡笑聲，有那人尋找同伴的呼喚聲，寂寞才有生存的養分。越熱鬧的人生，滋養出越囂張的寂寞，或許，人們總在喧鬧聲中有了自以為打敗寂寞的幻覺，但這只是一場人群與寂寞的競逐爭戰。

五、台北市立中山女高文學風景徵文第23回新詩組佳作

愛情的新衣

吳芊芊

先縫上一顆鑽石，再配上一顆珍珠

王啊！　自此你不用擔心你那黯淡的膚色。
這裡加長四吋，那裡剪短八吋
王啊！　從今起你不用再憂煩你那長短不齊的軀體。
用桂木薰香，以花露噴灑
王啊！　往昔的惡臭將不再跟隨你
我親愛的王，
你可知道　其實我並不聰明甚至愚昧無知
只是……假愛情之軀我寧願聰明
一顆鑽石，一粒珍珠
誰看不到那裸露的虛偽？
快！先遮住我眼裡的欺騙！
誰聽不到那甜蜜的謊言？
這邊四吋，那邊八吋
快！掩住那無名的吻痕！
桂木的香，花露的甜
誰聞不到那撲鼻的腐臭？

快！蓋過她的香水味！

在愛情已死時……

孩子說：「哈哈，國王沒有穿衣服呢！」

你說：「快！誰來為我披上這新衣？」

而我……太聰明，因為我愛你

六、台北市立中山女高文學風景徵文第24回散文組佳作

遇見李清照

曾姿穎

我推開妳新喪輕掩的門扉，黃花風中自憐，妳在屋中凋謝。一聲聲長嘆在妳身旁縈繞，在我心頭打轉。我不懂或是假裝了解妳的愁。慢步悄聲來到妳身後。「近來黃花開得可好？」我試著打破沉默，以免自己溺斃在滿屋的蕭瑟中。她回頭笑的有些淒涼。「花與人同淒，或著該說『人比黃花瘦』。」

多年前的妳填下這闋詞寄託相思，又怎會料到今日這相思卻成了亙古的永恆。

只因他離妳而去。

「妳知道失去一生的最愛與知己時的感受嗎？」她問我，而我無以回覆。「那就像靈魂在空盪的軀殼裡遊走，沒有一絲回音聲響，夜裡更是空洞。每當相思潰堤時，卻少

了她築堤安撫翻騰的淚。」她望著不知名的遠方。「今看花月渾相似，安得情懷似往時。」

我試著咀嚼她的悲，異常苦澀。

當年茶水一杯，哪章哪篇是妳倆相知交會的眼神？何書何卷，又預測了妳半生的孤獨淒涼呢？「有人曾說，非生命過火的淬煉，是沒有璀璨的光華的。我想妳是屬於如此的。」就如妳此刻讓筆鋒吸飽了愁，準備讓脆弱的紙承載妳刻心的痛。妳不語。墨在紙間渲開，妳心底是否有些什麼正在醞釀？

「我的相思該寄予何處？」停下筆，未乾的墨色不停的擴張。「妳可知後世有多少士子詠妳的詞，品妳的相思？妳的相思寄予在世人的心裡，有天，下世的他抑或是千年後的他，會聽見的。」我不懂得安慰滿是心愁的她，我只知道此刻的她需要更多的空間存放她對趙明誠的真切。

於是我告辭。

「尋尋覓覓，冷冷清清，淒淒慘慘慼慼……」屋中傳來她低吟新作的愁聲，幾組疊詞構成了她內心悲哀的世界。

回首望去。我想這深切的心思哀愁，趙明誠是聽得見的。

七、九十三學年度學科能力測驗國文科非選擇題成績優異作品

第一題、描寫與擬想（佔14分）

張瑋芬（分數：12分）

1.一股自大驕傲的神態，從那人身上表露出來。瞇眼、挑眉、彎腰、張大嘴地笑，全身都展現人的高姿態。而蛙，舉著前腳，嘴巴緊閉著，似乎想挺起沉重的身體，一張臉滿是不服輸的堅定眼神。

2.人：「哈哈！別笑死人了！一隻蛙也想學人站立？」
蛙：「只要我努力，哪怕能站一分一秒，我也能夠滿足了。」

第二題、判讀（佔14分）

李麗君（分數：13分）

1.一家四口僅靠他的薪水度日——表明他迫切需要這份工作。

2.因任職的工廠遷往大陸而失業——表達他並非素行不良而被雇主解雇，中年失業實出於無奈。

3.從事過紡織、餐飲、保全等工作——表明他有豐富的工作經驗，如在遇到同產業的工作，可較為得心應手。

4.在社區大學上過電腦課——表明他有基本應用電腦之能力。
5.對工作性質、地點都不挑剔——讓各產業的雇主皆能考慮任用他，且不必擔心工作地點適宜與否。

第三題、閱讀下列資料，並依要求作答。（佔24分）

李昕頤（分數：22分）

坐在熟悉的書桌前，我捧著熱茶，望著太陽那柔美的餘暉。在雲層的頂端，我彷若聽到上帝親切的呼喚，祂向我招手，對我敞開溫暖的胸膛。但我還有餘力，我知道自己還未完全奉獻給世間。心房裡的鐘擺滴答滴答的走著，我知道自己即將走到盡頭，我想修士們會幫我完成這本有關痲瘋病患的書吧！

回想起十二歲時立的願——為一切病患犧牲，我想我盡力去達成目標了。遺憾的是那些住在雲南的病人們不知道過的如何呢？我至今仍不了解當時政府怎忍心放任人民處於疾病的摧殘中？他們的嘴臉是無法從我的記憶中抹去的，畢竟我一直是他們眼中的危險份子。縱使如此，大家的支持是我能堅持下去的主因。「大鬍子」這個稱號是大家給我最真摯的肯定，這亦是我一生中最大的成就。

我深信人雖不能決定自己的容貌、身高，卻可以選擇生命的樣式。我選擇用燦爛的笑容來面對每一個人，用虔誠感恩的心來迎接每一天。我能給病人的最佳良藥就是源源不絕的信心，讓他們知道未知的明天是繽紛光明的。聽見樓下孩童們無邪的嬉鬧聲和大家閒適的談天聲，我希望世上每一堵牆背後的一方小天地都能如此溫暖和樂。

滴——答——，鐘錘擺動的幅度越來越小，終將停止。但我知道我的人生沙漏還有些許的細沙尚未流盡，給我多一點時間，讓我貢獻最完整的自己。上帝的呼喚是如此的親暱、沉穩，我放下最後的擔心與疑慮，深信會有人承接我畢生的努力與信念，帶著大家走下去。桌上的茶，已然冷卻。

國家圖書館出版品預行編目資料

綴玉織錦：中山女高 92 三博三業的作文課 ／陳智弘著, -- 初版 -- 臺北市：萬卷樓, 2004[民 93]

面；　　公分

ISBN 957 - 739 - 486 - 8 (平裝)

1. 中國語言 - 作文 2.中等教育 - 教學法

524.313　　　93008398

綴玉織錦

——中山女高 92 三博三業的作文課

著　　者：陳智弘
發 行 人：陳滿銘
出 版 者：萬卷樓圖書股份有限公司
臺北市羅斯福路二段 41 號 6 樓之 3
電話(02)23216565．23952992
傳真(02)23944113
劃撥帳號 15624015
出版登記證：新聞局局版臺業字第 5655 號
網　　址：http://www.wanjuan.com.tw
E－mail：wanjuan@tpts5.seed.net.tw
承印廠商：晟齊實業有限公司
定　　價：240 元
出版日期：2004 年 6 月初版
2008 年 9 月初版二刷

ISBN 957 - 739 - 486 - 8